\どろどろ〜ん/
# オバケーヌ とまなぶ
# 47都道府県

講談社（編）

# オバケーヌしょうかい!

## 「オバケーヌ」ってなに?

どろどろ〜んとすがたをあらわす、オバケのなかまたち。
きょうもこっそり、あなたをおどろかせようとひそんでいるかも……!?

### オバケ族

**オバケーヌ**
いろんな色に光るノーマルタイプのオバケ。おどろかせるのが大好きだけど、少しビビリ。

**テチーヌ**
テチテチかわいく歩きまわるが、つかれやすい一面も。小さくて足のはえたオバケ。

### ファンタジー族

**テンシーヌ**
天使のようにやさしくて、羽でそらをとぶことができる。

**アクマーヌ**
すぐいじわるしてくる、わるいやつ。……なのにえがおがにくめない。

### ネコ族

**ニャンコーヌ**
あざとかわいくて元気。よくはしゃぐ。鳴き声は「ぬっ」や「にゃっ」。

**チビニャンコーヌ**
おチビでキュートだけど、いつか大きくなることをゆめみている。

## イヌ族

### ワンコーヌ
ちょうフレンドリーなプードルのオバケ。人なつっこさナンバーワン。

### シバーヌ
したしみやすいせいかくで、ケンカしたことのないよわたりじょうず。

## アニマル族

### ウサギーヌ
ぴょんぴょんとびはねるのがとくい。かわいい顔だけど、しっかり者。

### パンディーヌ
はっきりいけんが言えるパンダのオバケ。シロクロはっきりつけたいタイプ。

## ミズ族

### ペンコーヌ
ペンギンのオバケ。マジメとユーモアのバランスがいい子。だが、よくころぶ。

### サメーヌ
すぐかじりついてくるサメのオバケ。かじりついてくるのは、あいじょうひょうげん。

## タベモノ族

### プリーヌ
プリンプリンのおはだがミリョク。あまいかおりがする。

### ショクパーヌ
せいぎかんが強くやさしい食パンのオバケ。こまっている子を見つけたら放っておけない。

ほかにもなかまがいろいろ！

# 日本ってこんな国！

| 首都 | 東京都 |
| --- | --- |
| 人口 | 約1億2,435万人 |
| 面積 | 約37万7,974平方km |

### 日本一高い山
富士山(山梨県・静岡県)で約3,776m

### 日本一長い川
信濃川(新潟県・長野県・群馬県)で約367km

### 日本一大きな湖
琵琶湖(滋賀県)で約669平方km

### 日本一大きな島
本州で約22万8,000平方km

北海道地方 — 北海道

東北地方 — 青森、秋田、岩手、山形、宮城、福島

関東地方 — 群馬、栃木、茨城、埼玉、千葉、東京、神奈川

中部地方 — 新潟、富山、石川、福井、長野、山梨、岐阜、静岡、愛知

近畿地方 — 滋賀、京都、兵庫、大阪、奈良、三重、和歌山

中国地方 — 鳥取、岡山、島根、広島、山口

四国地方 — 愛媛、香川、徳島、高知

九州地方 — 福岡、佐賀、長崎、大分、熊本、宮崎、鹿児島

沖縄地方 — 沖縄

# 目次

オバケーヌしょうかい！ ……… 2
ページの見方 ……………………… 6

## 第1章 北海道地方・東北地方
北海道 ……………………………… 8
青森県 ……………………………… 10
岩手県 ……………………………… 12
宮城県 ……………………………… 14
秋田県 ……………………………… 16
山形県 ……………………………… 18
福島県 ……………………………… 20
もっと！オバケーヌしょうかい！① … 22

## 第2章 関東地方
茨城県 ……………………………… 24
栃木県 ……………………………… 26
群馬県 ……………………………… 28
埼玉県 ……………………………… 30
千葉県 ……………………………… 32
東京都 ……………………………… 34
神奈川県 …………………………… 36
もっと！オバケーヌしょうかい！② … 38

## 第3章 中部地方
新潟県 ……………………………… 40
富山県 ……………………………… 42
石川県 ……………………………… 44
福井県 ……………………………… 46
山梨県 ……………………………… 48
長野県 ……………………………… 50
岐阜県 ……………………………… 52
静岡県 ……………………………… 54
愛知県 ……………………………… 56
もっと！オバケーヌしょうかい！③ … 58

## 第4章 近畿地方
三重県 ……………………………… 60
滋賀県 ……………………………… 62
京都府 ……………………………… 64
大阪府 ……………………………… 66
兵庫県 ……………………………… 68
奈良県 ……………………………… 70
和歌山県 …………………………… 72
もっと！オバケーヌしょうかい！④ … 74

## 第5章 中国地方・四国地方
鳥取県 ……………………………… 76
島根県 ……………………………… 78
岡山県 ……………………………… 80
広島県 ……………………………… 82
山口県 ……………………………… 84
徳島県 ……………………………… 86
香川県 ……………………………… 88
愛媛県 ……………………………… 90
高知県 ……………………………… 92
もっと！オバケーヌしょうかい！⑤ … 94

## 第6章 九州地方・沖縄地方
福岡県 ……………………………… 96
佐賀県 ……………………………… 98
長崎県 ……………………………… 100
熊本県 ……………………………… 102
大分県 ……………………………… 104
宮崎県 ……………………………… 106
鹿児島県 …………………………… 108
沖縄県 ……………………………… 110

# ページの見方

都道府県に関係したりしなかったりするクイズ。**正解は同じ見開きページのどこかに書いてある**から、じっくり読んでね。

**都道府県庁所在地、人口、面積**の情報をまとめてあるよ。全国の都道府県と比べたときの順位もわかるよ。

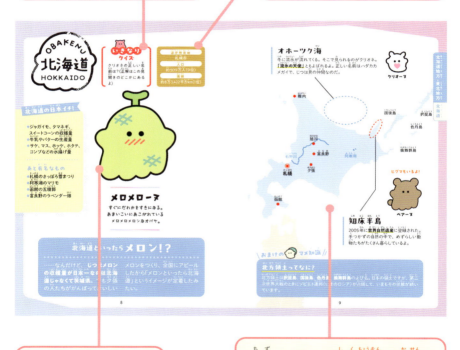

その都道府県を代表する「ご当地オバケーヌ」だよ。

地図には「**おもな市区町村**」「**河川や湖**」「**山**」「**島**」などの名前が書かれているよ。●が都道府県庁所在地だよ。

- 各都道府県の縮尺は見やすくするために変えています
- 人口のデータは総務省統計局の「人口推計（2023年（令和5年）10月1日現在）確定値」を参照しています
- 面積のデータは国土交通省国土地理院の「令和6年全国都道府県市区町村別面積調（1月1日時点）」を参照しています
- 地図上で示している市区町村、河川、湖、山などはおおよその位置です

# 第1章
# 北海道地方・東北地方

北海道
(8ページ)

青森県
(10ページ)

秋田県
(16ページ)

岩手県
(12ページ)

山形県
(18ページ)

宮城県
(14ページ)

福島県
(20ページ)

## いきなりクイズ
クリオネの正しい名前は？（正解はこの見開きのどこかにあるよ）

| 道庁所在地 |
|---|
| 札幌市 |
| 人口 |
| 約509万人(9位) |
| 面積 |
| 約8万3,422平方km(1位) |

### 北海道の日本イチ！

- ジャガイモ、タマネギ、スイートコーンの収穫量
- 牛乳やバターの生産量
- サケ、マス、ホッケ、ホタテ、コンブなどの水揚げ量

---

### あと有名なもの
- 札幌のさっぽろ雪まつり
- 阿寒湖のマリモ
- 函館の五稜郭
- 富良野のラベンダー畑

## メロメローヌ
すぐにだれかをすきになる。
あまいこいにあこがれている
メロメロメロンなオバケ。

## 北海道といったらメロン!?

……なんだけど、**じつはメロンの収穫量が日本一なのは北海道じゃなくて茨城県。**でも夕張の人たちががんばっておいしいメロンをつくり、全国にアピールしたから「メロンといったら北海道」というイメージが定着したみたい。

## オホーツク海

冬に流氷が流れてくる。そこで見られるのがクリオネ。**「流氷の天使」**ともよばれるよ。正しい名前はハダカカメガイで、じつは貝の仲間なのだ。

クリオーヌ

北海道地方・東北地方 北海道

ヒグマもいるよ！
ベアーヌ

## 知床半島

2005年に**世界自然遺産**に登録された。手つかずの自然の中で、めずらしい動物たちがたくさん暮らしているよ。

おまけのマメ知識

### 北方領土ってなに？

北方領土は**択捉島、国後島、色丹島、歯舞群島**のよび名。日本の領土ですが、第二次世界大戦のときにソビエト連邦（いまのロシア）が占領して、いまもその状態が続いています。

### いきなりクイズ
北海道と本州をつなぐトンネルの名は？
（正解はこの見開きのどこかにあるよ）

| 県庁所在地 |
|---|
| 青森市 |

| 人口 |
|---|
| 約118万人(31位) |

| 面積 |
|---|
| 約9,645平方km(8位) |

## 青森県の日本イチ！
- ごぼうの収穫量
- にんにくの収穫量
- あんずの収穫量
- いかの水揚げ量

### あと有名なもの
- ねぶた・ねぷた祭り
- 弘前城
- 北海道と本州をつなぐ青函トンネル
- 恐山や八甲田山
- 八戸のせんべい汁

### リンゴーヌ
ツヤツヤの赤いボディがチャームポイント。
やさしいあまいかおりがする。

## 青森といったらりんご！

青森県はりんごの収穫量が日本一！日本国内で生産されているりんごの約60％が青森県でつくられているよ。津軽地方で生産がさかんで、「つがる」という品種のりんごもあるのだ。青森県内でつくられているりんごの品種は50種類もあるんだって。

## 三内丸山遺跡
縄文時代の大きな集落跡地が残っているよ。

北海道地方・東北地方

青森県

## 白神山地
秋田県との県境にある**東アジア最大級のブナ林**。1993年に世界自然遺産に登録されたんだ。

ねぶた・ねぷた祭りも有名だね！

### ねぶた？ねぷた？
夏になると青森県のいろいろなところで山車を引っ張って練り歩くお祭りが開催されます。ねぶた・ねぷたはこのお祭りの形式のこと。青森市だと「ねぶた」、弘前市だと「ねぷた」といいます。

『遠野物語』の作者は？（正解はこの見開きのどこかにあるよ）

| 県庁所在地 |
|---|
| 盛岡市 |
| 人口 |
| 約116万人(32位) |
| 面積 |
| 約1万5,275平方km(2位) |

## 岩手県の日本イチ！

- 木炭の生産量
- 生うるしの生産量
- 龍泉洞（日本一深い地底湖）

### あと有名なもの

- 奥州などの南部鉄器
- チャグチャグ馬コ
- 小岩井農場
- 釜石の橋野鉄鉱山
- 三陸海岸の海産物

## ワンコソバーヌ

すごうでのフードファイター。
ワンコを3まいあたまにかぶってる。

## 岩手といったらわんこそば！

「わんこ」はイヌ！……じゃなくてお椀のこと。小さなお椀に一口で食べられるくらいのおそばを入れてもらい、食べきれなくなるまでどんどんお代わりするのだ。岩手県はほかにも「盛岡冷麺」や「盛岡じゃじゃ麺」などの名物麺料理が多いよ。

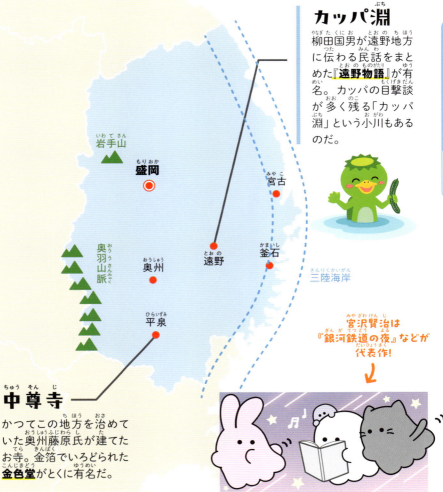

## カッパ淵

柳田国男が遠野地方に伝わる民話をまとめた『遠野物語』が有名。カッパの目撃談が多く残る「カッパ淵」という小川もあるのだ。

北海道地方・東北地方　岩手県

## 中尊寺

かつてこの地方を治めていた奥州藤原氏が建てたお寺。金箔でいろどられた**金色堂**がとくに有名だ。

宮沢賢治は『銀河鉄道の夜』などが代表作!

### おまけのマメ知識

### イーハトーブって?

岩手県出身の作家、**宮沢賢治**は心のなかの理想郷のことを「イーハトーブ(ヴォ)」と表現しました。これは「岩手」をもじった言葉だと考えられています。ほかにも「ハームキヤ(花巻)」「モリーオ(盛岡)」など、岩手県内の場所をもじったとされる地名がいくつかの作品に登場します。

# 宮城 OBAKEN MIYAGI

### いきなりクイズ
鳴子のこけしはどうすると音が鳴る？（正解はこの見開きのどこかにあるよ）

| 県庁所在地 |
|---|
| 仙台市 |
| 人口 |
| 約226万人（14位） |
| 面積 |
| 約7,282平方km（16位） |

### 宮城県の日本イチ！
- メカジキの水揚げ量
- さめ類の水揚げ量
- ガンの飛来数
- 「ネコの石碑」の数

### あと有名なもの
- 仙台城（青葉城）跡
- 仙台七夕まつり
- 蔵王山の御釜
- 笹かまぼこ

### ブシーヌ
今もせんごく時代がつづいていると思っている。みんなの平和をねがってたんれんしているよ。

## 宮城といったら武士……！？

ブシーヌがだれを尊敬しているのかはわからないけれど、宮城県を代表する武将といったら、**伊達政宗**！ 伊達政宗は小さいときに病気で片目を失い、眼帯をしていたので「**独眼竜**」とよばれていた。あと三日月のよろいかぶとがトレードマークだ。

## 鳴子温泉
鎌倉幕府を開いた源頼朝の弟・義経は、お兄さんに反乱の疑いをかけられて東北に逃げてきた途中、ここに立ち寄ったとされているんだ。首を回すと音が鳴る**こけし**も有名だよ。

仙台七夕まつりも有名！

北海道地方・東北地方

宮城県

気仙沼

三陸海岸

奥羽山脈

石巻

塩竈

仙台

牡鹿半島

蔵王山

**サメーヌ**
気仙沼はフカヒレ（サメのヒレを乾燥させたもの）も有名なのだ

## 松島
松島湾には約260もの島があり、この風景は日本三景のひとつ。

### おまけのマメ知識

#### 仙台はなぜ「杜の都」？
仙台市は別名「杜の都」ともよばれます。これは、伊達政宗が飢饉に備えて実のなる木や竹、杉などを植えることを奨励し、みんなでがんばったから。「杜」という言葉には、人々の「『縁』こそが仙台の宝」という思いが込められているといわれています。

「あきたこまち」の名前の由来は？（正解はこの見開きのどこかにあるよ）

| 県庁所在地 |
|---|
| 秋田市 |
| 人口 |
| 約91万人(39位) |
| 面積 |
| 約1万1,637平方km(6位) |

## 秋田県の日本イチ！

- ラズベリーの収穫量
- 持ち家の人の割合
- 日本一深い湖・田沢湖

### あと有名なもの

- 大館の曲げわっぱ、比内鶏
- 秋田竿燈まつり
- きりたんぽ

### オコメーヌ
ぴかぴかのお米はもはやダイヤモンド！
たきたてはもちろん、さめてもおいしい。

## 秋田といったらお米！

秋田県は東北地方のなかではお米の収穫量1位！　ちなみに、全国だと3位で、1位は新潟県、2位は北海道だよ。秋田のお米といったら「あきたこまち」が有名。これは平安時代の歌人・小野小町が秋田県出身だという説があるからなんだ。

## なまはげ

秋田といったら有名な「なまはげ」は、男鹿の伝統行事。鬼のような神さまの使いが家々をまわり、家内安全や豊作を祈るのだ。

北海道地方・東北地方

秋田県

十和田湖
白神山地
大館
大潟
男鹿半島
秋田
田沢湖
横手

## 八郎潟干拓地

もともと**日本で2番目に大きな湖**だったけど、戦後の食糧難のとき、湖を陸地にしてお米をつくる場所にしたのだ。

## かまくら

横手では2月に雪の家「かまくら」をつくり、水神様をまつるお祭りをするよ。

\おまけの マメ知識/

### 東北三大祭りとは？

秋田市で8月に行われる**秋田竿燈まつり**は、竿燈という長い竿にたくさんの提灯を下げたものを手のひらやおでこなどで支えて練り歩くお祭。**青森のねぶた・ねぷた祭り、仙台七夕まつり**とともに「東北三大祭り」のひとつです。

**いきなりクイズ**
出羽三山は羽黒山・月山ともうひとつは？
（正解はこの見開きのどこかにあるよ）

| 県庁所在地 |
|---|
| 山形市 |
| 人口 |
| 約102万人（36位） |
| 面積 |
| 約9,323平方km（9位） |

### 山形県の日本イチ！

- さくらんぼの収穫量
- 西洋ナシの収穫量
- ベニバナの収穫量
- 一世帯の平均人数

### あと有名なもの

- 尾花沢の銀山温泉
- 山形花笠まつり
- 米沢牛
- 日本一の芋煮会フェスティバル

**コマーヌ**

なめらかなしつかんがとくちょう。
王手！！と急にさけび、まわりをびっくりさせる。

## 山形といったら将棋の駒！

天童では、江戸時代に武士の内職（お金稼ぎ）として将棋の駒づくりがさかんだったよ。だから、いまも日本の将棋の駒のほとんどは山形でつくられているのだ。さらに「人間将棋」といって、人が駒になって将棋をするイベントもあるよ。

## 出羽三山

「羽黒山」「月山」「湯殿山」の3つの山をまとめて出羽三山とよぶよ。山のなかで修行をする人たちが大勢いたんだって。

## 最上川

ひとつの都府県しか流れていない川のなかでは日本最長。**日本三大急流**のひとつだよ。

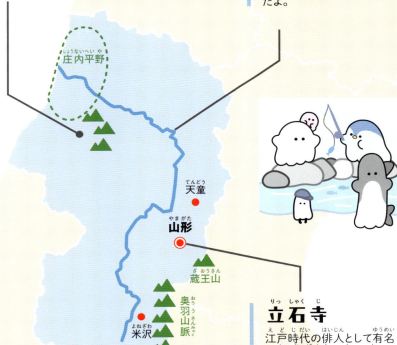

庄内平野

天童

山形

蔵王山

奥羽山脈

米沢

## 立石寺

江戸時代の俳人として有名な松尾芭蕉が立ち寄り、**「閑さや岩にしみ入る蟬の声」**という有名な俳句を詠んだ場所。

北海道地方・東北地方

山形県

### おまけのマメ知識

**さくらんぼ「佐藤錦」の名前の由来**

山形県はフルーツの栽培がさかんで、とくに「佐藤錦」という品種のさくらんぼが有名。これは大正時代に佐藤栄助という人が品種改良の末に開発したもの。この人の名前と「砂糖のように甘い」という意味が込められているそうです。

ぎゅ〜っ!!

白虎隊のお墓がある山の名前は？（正解はこの見開きのどこかにあるよ）

| 県庁所在地 |
|---|
| 福島市 |
| 人口 |
| 約176万人（21位） |
| 面積 |
| 約1万3,783平方km（3位） |

## 福島県の日本イチ！

- 桐材の生産量
- 日本一標高が高い場所にある浄土平天文台

### あと有名なもの

- 相馬野馬追
- 飯坂けんか祭り
- 田村のあぶくま洞
- 五色沼
- 喜多方ラーメン

### アカベコーヌ

子どもたちがじょうぶで元気にせいちょうできますようにとねがっている。赤色はまよけのしるし。

## 福島といったら赤べこ！

赤べこは紙でできた、首がゆらゆらゆれる牛のおもちゃ。「べこ」は東北地方の言葉で牛という意味だよ。赤く塗られているのは魔除けの意味があるそうで、赤べこを持っている子どもは災難から守られるといわれているんだって。

## 磐梯山

「会津富士」ともよばれる山。猪苗代湖は磐梯山の火山活動でできた湖だとされているんだって。**五色沼**もそうしてできた沼のひとつ。

北海道地方・東北地方

福島県

## 鶴ヶ城

明治維新のときに新政府軍と旧幕府軍が戦った場所のひとつ。近くの飯盛山には、少年たちで構成された**白虎隊**のお墓もあるよ。

おまけのマメ知識

### 野口英世の記念館

福島県出身の有名人といえば、千円札の肖像画にも使われていた**野口英世**。医師、細菌学者で、**黄熱病**などの研究をしていましたが、自身も黄熱病にかかり亡くなりました。記念館には彼が生まれた家などが残されています。

# もっと！オバケーヌしょうかい！1

### オチビーヌ
赤ちゃんみたいにおちび。あまえんぼでかまってちゃん。まんまるおちびであしは1本。

### ヒョロリーヌ
ヒョロながいタイプのオバケ。せが高いのにそんざい感がない。おどろかす気がないのに音もなくあらわれるのでみんなびっくりする。

### ペラリーヌ
紙のようにうすっぺらく軽い体のオバケ。体がペラペラなので、スペースにエコ。

### ゾンビーヌ
ツギハギがたくさんで、ふだんは内気。だけど、ハロウィンが近づくとしゃしゃりだす。

### オデビーヌ
いつもなにか食べている、マシュマロバディー。そんな自分がすきだし、ダイエットはしないシュギ。

### トロリーヌ
トロトロにとろけてしまった体のオバケ。なんてことでしょう、アイドルにハマってぬまおちしてしまったみたい。

22

# 第2章
# 関東地方

栃木県
（26ページ）

群馬県
（28ページ）

茨城県
（24ページ）

埼玉県
（30ページ）

東京都
（34ページ）

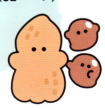
千葉県
（32ページ）

神奈川県
（36ページ）

## いきなりクイズ
偕楽園にたくさん植えられているのはなんの木？（正解はこの見開きのどこかにあるよ）

| 県庁所在地 |
|---|
| 水戸市 |
| 人口 |
| 約282万人(11位) |
| 面積 |
| 約6,097平方km(24位) |

### 茨城県の日本イチ！
- メロンの収穫量
- ピーマンの収穫量
- れんこんの収穫量
- 白菜の収穫量

### あと有名なもの
- 牛久大仏
- 鹿嶋にある鹿島神宮
- 国営ひたち海浜公園
- 袋田の滝
- 水戸黄門まつり

### ナットーヌ
ネバネバ糸引きがよく、そばに近づいたオバケーヌたちもよくからみつく。

## 茨城といったら納豆！

茨城県といったら有名なのは納豆！ もともと納豆をよくつくっていたんだけど、明治時代に水戸鉄道（いまのJR水戸線）が開通したとき、駅などでお土産として売られるようになり、そこから「水戸といえば納豆」になったみたい。

## 偕楽園
日本三名園のひとつ。江戸時代に水戸藩主だった**徳川斉昭**がつくった庭園で、約3,000本もの梅の木が植えられているのだ。

関東地方 / 茨城県

水戸黄門も有名！

サメがたくさんいる**アクアワールド茨城県大洗水族館**も！

日立
水戸
大洗
筑波山
つくば
鬼怒川
牛久
霞ヶ浦
北浦

## JAXA筑波宇宙センター
つくばはたくさんの大学や研究施設があり、**人工衛星**や**ロケット**の研究開発が行われているよ。見学なんかもできるんだって。

 マメ知識

### どうしていろいろな野菜の収穫量が多い？
茨城県は全国有数の野菜の栽培地です。これは植物を育てるのにとてもいい環境が整っているから。たとえば平らな土地が多いので白菜の栽培に適していたり、水はけがよくて温暖な気候なので**メロン**や**ピーマン**の栽培に適していたりします。

25

### いきなりクイズ
日光東照宮にまつられているのは、だれ？
（正解はこの見開きのどこかにあるよ）

| 県庁所在地 |
|---|
| 宇都宮市 |
| 人口 |
| 約189万人(19位) |
| 面積 |
| 約6,408平方km(20位) |

### 栃木県の日本イチ！

- いちごの収穫量
- かんぴょうの生産量
- ふとんの出荷額

#### あと有名なもの
- 華厳の滝
- 益子焼
- 宇都宮にある大谷寺
- 鬼怒川温泉
- 耳うどん

## ギョウザーヌ
ギョウザのアンにはヤサイとひき肉がたっぷり。
ジューシーなギョウザを
みんなにふるまうのがにっか。

## 栃木といったら ぎょうざ！

栃木県といったら**宇都宮のぎょうざ**が有名！……なんだけど、じつは最近、宮崎県の宮崎市や静岡県の浜松市に支出金額で抜かれたりしているんだよね。そもそもは第二次世界大戦後に中国からもどってきた人たちが広めたのがきっかけみたい。

## 那須高原
酪農がとてもさかんで、じつは**生乳の生産量は北海道の次に多い全国2位**。ほかにも豚や肉用牛などがたくさん飼育されているよ。

ウシーヌ

関東地方 | 栃木県

## 中禅寺湖
およそ2万年前に**男体山**が噴火して溶岩が大谷川をせき止めてできた湖。標高1,269mと、**日本でいちばん高いところにある湖**なのだ。

鬼怒川
日光
宇都宮
足利

↑ いちごの収穫量1位!

## 日光東照宮
江戸幕府を開いた徳川家康を神様としてまつっている神社。三猿（見ざる言わざる聞かざる）とか、眠り猫が有名だね。

### おまけのマメ知識

**日光東照宮はなんのためにつくられた?**

日光は江戸（東京）からけっこう離れているのに、なぜここにつくられたのでしょうか。その理由とされているのが、この方角が江戸城の**鬼門**（鬼が出入りする不吉な方位）で、江戸を守るためといわれています。

家庭で妻のほうが権力を持つことをなんていう?(正解はこの見開きのどこかにあるよ)

| 県庁所在地 |
|---|
| 前橋市 |
| 人口 |
| 約190万人(18位) |
| 面積 |
| 約6,362平方km(21位) |

## 群馬県の日本イチ!

- キャベツの収穫量
- コンニャクイモの収穫量
- モロヘイヤの収穫量
- ボールペンの生産額
- 生糸の生産量

### あと有名なもの

- 草津温泉
- 伊香保温泉
- 保渡田古墳群
- 焼きまんじゅう

### ダルマーヌ

七転び八起き。
えんぎがいい顔のダルマーヌ。
ねがいを聞いてくれるふしぎな力を持ってる?

## 群馬といったらだるま!

群馬県の高崎でつくられる**高崎だるま**は有名! もともとは生糸のもとになる蚕を育てる農家さんたちが、副業としてだるまをつくるようになったのが始まりらしい。インドから中国へ仏教を伝えたとされる**達磨大師**がモデルだよ。

関東地方 群馬県

## 尾瀬ヶ原
福島県、新潟県とまたがる**本州最大の山岳湿原**で、めずらしい植物がたくさん。ミズバショウなどがとくに有名だ。

## 岩宿遺跡
**打製石器**が発見された遺跡。これで、日本にも旧石器時代(農耕をしていない時代)があるとわかったんだ。

草津や伊香保の温泉も有名!

## 富岡製糸場
明治時代にできた製糸工場で、日本の発展に大きな影響を与えたよ。2014年に**世界文化遺産**に登録されたんだ。

 マメ知識

### 群馬県は女性が強い?
群馬県には**「かかあ天下とからっ風」**という言葉があります。からっ風は北の山から吹き下ろされる乾燥した風のこと。かかあ天下は、家庭内で夫より妻が強い権力を持つこと。製糸工場ではたくさんの女性が働き、家計を支えていたことから生まれた言葉ともいわれています。

**いきなりクイズ**
秩父夜祭が行われるのは何月？（正解はこの見開きのどこかにあるよ）

| 県庁所在地 | さいたま市 |
| --- | --- |
| 人口 | 約733万人（5位） |
| 面積 | 約3,797平方km（39位） |

## 埼玉県の日本イチ！

- サトイモの収穫量
- ひな人形の出荷額
- 川沿いを走る日本一長いサイクリングロード

### あと有名なもの

- さいたまスーパーアリーナ
- 忍城
- 長瀞渓谷
- 行田ゼリーフライ

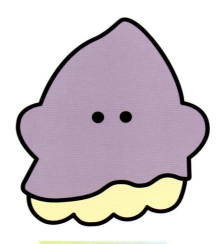

## ヤキイモーヌ

あまくホクホクとした体はやわらか。
ヤキイモーヌは心もあたたかい
ハートウォームなオバケ。

## 埼玉といったら焼き芋!?

川越では江戸時代から**サツマイモ**の生産がさかんだったんだ。当時は「**栗（九里）より（四里）うまい十三里**」（九里と四里を足すと十三里になる）ともいわれていて、焼き栗よりも焼き芋のほうがうまい、ともいわれみたいだよ。

## 秩父夜祭

12月に行われる**秩父神社**のお祭り。豪華にかざられた**傘鉾**というものや山車が出て、花火も打ち上がるよ。

関東地方 | 埼玉県

## 小江戸

川越は小江戸ともよばれるよ。むかしは**川越城**がある城下町でにぎわっていて、江戸に似ていたからみたい。いまも**蔵造り**という、むかしながらの建物がたくさん残っているよ。

草加せんべいも有名！

\おまけの マメ知識/

### じつはスイーツ王国

埼玉県はお菓子の製造もさかんで、アイスクリームへの支出額もじつは全国1位。ほかにもビスケット、干菓子、洋生菓子、チョコレートなど、いろいろなスイーツがたくさん食べられています。

**いきなりクイズ**
九十九里浜の名前の由来に関係している人物は？（正解はこの見開きのどこかにあるよ）

| 県庁所在地 |
|---|
| 千葉市 |
| 人口 |
| 約625万人（6位） |
| 面積 |
| 約5,156平方km（28位） |

## 千葉県の日本イチ！

- しょうゆの生産量
- カブの収穫量
- ナシの収穫量

### あと有名なもの
- 銚子港
- 銚子の犬吠埼
- 富津のマザー牧場
- 館山などの房州うちわ
- 東京ディズニーリゾート

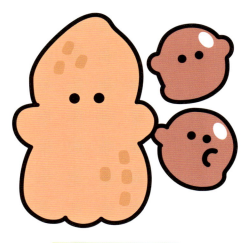

### ラッカセーヌ
あま味が強く、こうばしいかおりがする。
せなかのチャックから
ふたごのチビラッカセーヌが出入りするよ。

## 千葉といったら落花生！

千葉県は落花生の収穫量が日本一！ 日本の落花生の7割は千葉でつくられているよ。千葉だと、節分のときに大豆じゃなくて落花生をまくこともあるみたい。一年を通じて温暖な気候で、とくに南部は冬でもあたたかいんだって。

関東地方 / 千葉県

## 成田国際空港

日本と外国とをむすぶ空の玄関口！ **国際線の旅客数は日本一**だ。成田にはお正月にたくさんの人が初詣に来る**成田山新勝寺**もあるよ。

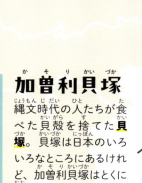

## 加曽利貝塚

縄文時代の人たちが食べた貝殻を捨てた**貝塚**。貝塚は日本のいろいろなところにあるけれど、加曽利貝塚はとくに大きいよ。

江戸川　利根川　成田　船橋　千葉　銚子　九十九里浜　房総半島　館山

サーフィンの名所！

 マメ知識

### 九十九里浜は何kmある？

サーフィンの名所として有名な**九十九里浜は66km**あります。この名前は、鎌倉幕府を開いた源頼朝が、6町（1町＝約109m）を1里とし、1里ごとに矢を突き刺して測ったところ、99本の矢が立ったことからついたみたいです。

いきなり
クイズ
東京タワーの高さは何m？（正解はこの見開きのどこかにあるよ）

| 都庁所在地 |
|---|
| 新宿区 |
| 人口 |
| 約1,408万人(1位) |
| 面積 |
| 約2,199平方km(45位) |

## 東京都の日本イチ！

- 世界一高い自立式電波塔・東京スカイツリー
- 利用客数日本一の東京国際空港(通称・羽田空港)

### あと有名なもの
- 浅草の三社祭
- 皇居
- 東京タワー
- 明治神宮

**フウジンヌ**　　**ライジンヌ**

フウジンヌは風をつかさどりライジンヌはカミナリをつかさどるオバケ。さいがいが起こらないようにねがってるなかよしコンビ。

## 東京といったら風神&雷神！

東京の観光名所はたくさんあるけど、なかでも**浅草寺の雷門**が有名。でも雷門というのは通称で、正しい名前は「風雷神門」っていうんだ。向かって左側に雷神、右側に風神の像があるよ。災害を防いだり、五穀豊穣をもたらしたりするんだって。

## 関東地方 — 東京都

### 国会議事堂
日本の政治の中心地。国会議員の人たちが集まって、日本の法律を定めたりしているよ。

### 高尾山
八王子にある山で、都心から1時間くらいで行けるためか、**年間300万人**もの人がのぼるとされているよ。

### おまけのマメ知識

#### 東京スカイツリーはなぜ634m？
東京スカイツリーの高さは634m。この高さにした理由のひとつは、東京、埼玉、神奈川などのあたりが、むかしは**武蔵国**ってよばれていたから。みんなに覚えてもらいやすいように、この高さにしたとか。ちなみに、**東京タワー**の高さは333mです。

## いきなりクイズ
箱根駅伝のスタート地点はどこ？（正解はこの見開きのどこかにあるよ）

| 県庁所在地 | 横浜市 |
| --- | --- |
| 人口 | 約922万人（2位） |
| 面積 | 約2,416平方km（43位） |

### 神奈川県の日本イチ！
- 県外へ通勤・通学している人の数
- ゴミのリサイクル率
- ふたり以上世帯あたりの金融資産残高

### あと有名なもの
- 横浜ランドマークタワー
- 横浜赤レンガ倉庫
- 鎌倉の江ノ島電鉄
- 箱根町の大涌谷
- 小田原城址公園
- 小田原かまぼこ

## ニクマンヌ
やわらかな食感ともちもちのかわ。
あせるとジューシーな肉じるが頭からとび出ちゃう。
近づく時はあつあつなので、注意がひつよう。

## 神奈川といったら肉まん!?
神奈川県は横浜の中華街が人気の観光スポット。肉まんなど、いろいろな中華料理が楽しめるよ。神奈川県は江戸時代に横浜港からたくさんの外国人がやってきて、そのときに通訳をした中国の人たちが移り住んで、中華街ができたとか。

## 箱根温泉

活火山である**箱根山**の近くにはたくさんの温泉があるよ。お正月に行われる**箱根駅伝**はランナーが東京の大手町からここまで走ってくるのだ。

## 京浜工業地帯

川崎の海に面したところには石油化学コンビナートや工場が建ち並んでいて、**日本有数の工業地帯**なのだ。

**関東地方　神奈川県**

## 鎌倉大仏

高さ約11mの大仏が有名！ほかにもたくさんのお寺があるよ。

### おまけのマメ知識

**横浜はいろいろな「日本初」の街！**

横浜は1859年に外国との貿易のため開かれた港のひとつで、海外からいろいろなものが入ってきました。そのため、アイスクリームやテニス、ラグビー、ガス灯、電話、ホテルなど、いろいろな「日本初」があり、各所に記念碑があります。

# もっと！オバケーヌしょうかい！2

### トラネコーヌ

トラのようなしまもようを持つトラネコのオバケ。気まぐれでツンデレ。ニボシをあげるとデレどアップ。

### ミケーヌ

いやし系なミケネコのオバケ。みんなの心をほっこりさせる天才。なでるととけそうな顔になる。

### スコティーヌ

たれ耳がキュートなスコティッシュフォールドのオバケ。アイドルてきそんざいで、ニャンコーヌのえいえんのライバル。

### マルチーヌ

毛玉のようなマルチーズのオバケ。フワモコのテンパがかわいい。あまいものに目がない。

### ダルメシーヌ

黒ブチもようのあるダルメシアンのオバケ。きょうだいがたくさんいる。

### シュナウヌ

まゆげとひげがおじいちゃんっぽいシュナウザーのオバケ。読書がすきで、おじいちゃんみたいにおちついてる。

# 第3章
# 中部地方

新潟県
（40ページ）

石川県
（44ページ）

富山県
（42ページ）

福井県
（46ページ）

長野県
（50ページ）

山梨県
（48ページ）

岐阜県
（52ページ）

愛知県
（56ページ）

静岡県
（54ページ）

## いきなりクイズ
信濃川は長野県だとなんとよばれる？（正解はこの見開きのどこかにあるよ）

| 県庁所在地 |
|---|
| 新潟市 |
| 人口 |
| 約212万人(15位) |
| 面積 |
| 約1万2,583平方km(5位) |

### 新潟県の日本イチ！

- マイタケの生産量
- 神社の数
- 原油や天然ガスの産出量

### あと有名なもの

- 小千谷の小千谷縮
- 糸魚川の親不知
- 佐渡おけさ
- 上越の春日山城跡
- 笹団子

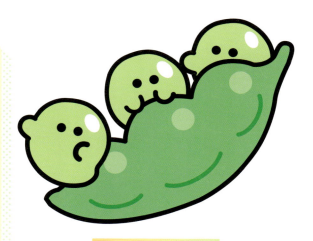

### エダマメーヌ
さやのまんまでも動ける三つ子のチビエダマメーヌ。ケンカしてもすぐになかなおりするよ。

### 新潟といったら枝豆!?

新潟県はお米の生産量も日本一だけど、**じつは枝豆の作付面積も日本一**。でも出荷額は全国7位。なぜかというと、つくった枝豆を自分たちで食べちゃうから……らしい。新潟の人は、じつはお米より枝豆のほうが好きなのかも……。

## 信濃川

日本一長い川で、源流があるのは長野県。信濃は長野県のあたりの古いよび方で、つまり**「信濃から流れてくる川」**って意味。だから長野県では同じ川を千曲川とよぶよ。

## トキ

じつは日本のトキは絶滅しちゃっている。佐渡島では中国からもらったトキを繁殖させて野生に返しているよ。

中部地方 / 新潟県

## 長岡まつり

明治時代から始まり、戦後、空襲の犠牲になった人たちを慰霊するために行われるようになったよ。**日本有数の大きな花火大会**で、たくさんの人が来るよ。

### おまけのマメ知識

**なぜ下のほうが「上越」？**

新潟県は南から「上越」「中越」「下越」の3つのエリアに分けられます。地図の下のほうがなぜ「上越」なのかというと、南のほうが、むかし天皇がいた京都に近いから。京都に近づくことを上る、京都から離れることを下るといったためだとされます。

41

### いきなりクイズ
黒部ダムは放水で毎秒何t以上の水が流れる？（正解はこの見開きのどこかにあるよ）

| 県庁所在地 |
|---|
| 富山市 |
| 人口 |
| 約100万人(37位) |
| 面積 |
| 約4,247平方km(33位) |

## 富山県の日本イチ！

- ブリへの支出額（富山市）
- コンブへの支出額（富山市）

### あと有名なもの
- 立山黒部アルペンルート
- 富山城址公園
- 富山の置き薬
- ホタルイカ
- ますずし

### チューリップーヌ
大きな花びらがみりょくてき。
かれんなすがたでみんなをときめかせちゃう。

## 富山といったら チューリップ！

富山県の、とくに砺波はチューリップの一大産地！　大正時代に、農家の人たちがお米をつくる水田を有効活用してつくりはじめたのがきっかけで、当時は珍しい花だったから高く売れて、広まったみたい。春にはきれいなチューリップが咲くよ。

中部地方 富山県

## 黒部ダム

高さ186mもある、**世界有数の高さを誇る大きなダム**だよ。放水すると、毎秒10t以上の水が流れ出る！見学もできるよ。

黒部川
富山湾
飛驒山脈
砺波
富山
黒部湖

## 五箇山

南砺にある五箇山という地域では、手のひらを合わせたようなかたちの屋根が特徴の**合掌造り**という家がいまもあるよ。1995年に世界文化遺産に登録されたんだ。

### おまけのマメ知識

#### 富山の薬が有名になったわけ

**富山は製薬業もさかんです。**これは江戸時代、江戸城に参勤していた富山藩の藩主・前田正甫が腹痛になったほかの大名に反魂丹という薬をあげたところ、回復した逸話からきているともされます。各家庭に薬箱を置いておき、使った分だけ薬屋さんに代金を支払う「置き薬」という独自のシステムもあります。

いきなり
クイズ

兼六園をつくった、かつての藩主の名前は？
（正解はこの見開きのどこかにあるよ）

| 県庁所在地 |
|---|
| 金沢市 |
| 人口 |
| 約110万人（33位） |
| 面積 |
| 約4,186平方km（35位） |

### 石川県の日本イチ！

- 金箔の生産量
- ケーキへの支出額（金沢市）

### あと有名なもの

- 金沢城公園
- 金沢21世紀美術館
- 加賀友禅
- 輪島塗
- 九谷焼
- 向田の火祭
- かぶらずし

## キンハクーヌ

金はくのマントをつけた
光りかがやくスーパースター！
歩くとみんながふりむく。

### 石川といったら金箔！

石川県は金箔の生産量が日本一！　金箔は金をたたいてうすうすーくのばしたものだ。豊臣秀吉の時代からつくられていたんだって。仏像などの表面に貼られたりするし、石川県の観光地だとソフトクリームにも金箔がかけられたりしているよ。

中部地方 石川県

南北に細長い！

ヒョロリーヌ

## 白米千枚田
山の斜面につくられた田んぼ（棚田）が1,004枚もある大きな棚田だよ。機械が入れないから手作業が多いんだって。

## 兼六園
日本三名園のひとつ。石川県のあたりはむかし加賀藩とよばれていて、その藩主だった前田家がつくったんだ。

### 「加賀百万石」って？
石とは、大人ひとりが1年間に食べるお米の量を表す単位です。戦国時代などは土地を面積ではなく、どれだけのお米がとれるか（石高）で測っていました。かつてこの地方を治めた加賀藩前田氏の領地は100万石もあったということです。

### いきなりクイズ
永平寺を開いたお坊さんの名前は？（正解はこの見開きのどこかにあるよ）

| 県庁所在地 |
|---|
| 福井市 |
| 人口 |
| 約74万人(43位) |
| 面積 |
| 約4,190平方km(34位) |

## 福井県の日本イチ！

- メガネフレームの生産量
- 世帯あたりの自動車の保有数

### あと有名なもの
- 敦賀赤レンガ倉庫
- 一乗谷朝倉氏遺跡
- 越前ガニ
- 三国祭
- へしこ

### ティラノーヌ
ぜつめつしたティラノサウルスのオバケ。とっても強く、昔はかなりヤンチャだったらしい。

## 福井といったらティラノサウルス!?

福井はたくさんの恐竜の化石が発掘されている「恐竜王国」で、**ティラノサウルスのあごの骨の化石**も見つかったんだ。これは日本で初めてのこと。さらに、福井県立恐竜博物館には、ティラノサウルスのロボットもあるんだって。

中部地方 福井県

## 東尋坊
高さ約25mもある断崖絶壁が有名なところだよ。

## 丸岡城
むかし、この地を治めていた柴田家によって築かれたお城。

福井県立恐竜博物館もあるよ！

ガオーヌ

鯖江のメガネも有名だね！

ベアーヌ

## 永平寺
仏教の宗派のひとつ、曹洞宗の大本山。道元というお坊さんが1244年に開いたとされるよ。

### おまけのマメ知識

**福井の名前がついている恐竜がたくさん！**

福井県で初めて発見されたと思われる恐竜の化石がたくさん見つかっていて、それらの恐竜には「フクイサウルス」「フクイラプトル」「フクイベナートル」「フクイティタン」といった名前がつけられています。

いきなりクイズ
リニア新幹線はなんの力で車体を浮かす？
（正解はこの見開きのどこかにあるよ）

| 県庁所在地 |
|---|
| 甲府市 |
| 人口 |
| 約79万人(41位) |
| 面積 |
| 約4,465平方km(32位) |

## 山梨県の日本イチ！

- ぶどうの収穫量
- もも、すももの収穫量
- 日照時間

---

### あと有名なもの

- 忍野八海
- 昇仙峡
- 甲州ワイン
- 甲州水晶貴石細工
- 吉田の火祭り
- ほうとう

### ブドーヌ
あまみのあるかじゅうをひめたブドウのオバケ。
ブドウの実のチビブドーヌもいる。

## 山梨といったらぶどう！

山梨県はぶどうの収穫量が日本一！ 高い山に囲まれた土地で水はけがよく、昼と夜の気温差が大きいなど、ぶどうをはじめとしたくだものの栽培に適した土地なのだ。そのため、ぶどうからつくる**ワイン**も有名で、明治時代からつくられてるんだって。

## 中部地方 山梨県

### 富士急ハイランド
たくさんの絶叫マシンがある遊園地だよ。スリルが好きな人にはたまらない場所。

八ヶ岳

甲州

**甲府**

甲斐

河口湖
西湖
精進湖
本栖湖
山中湖

富士山

キャンプ場もたくさんあるよ！

### 富士五湖
富士山の近くにある5つの湖をまとめてこうよぶよ。富士山の噴火で水がせきとめられてできたんだ。

\ おまけの マメ知識 //

### リニア新幹線の実験線もある！
山梨県には、新幹線よりもずっと速い**超電導リニア**を実験するための線路があります。これは磁力を使って、車体を10cmくらい浮かせて走ります。リニア新幹線は東京と大阪を結ぶ予定で、実現すれば、東京と大阪を1時間くらいで移動できるとされています。

## いきなりクイズ
日本アルプスは別名「日本の◯◯」？（正解はこの見開きのどこかにあるよ）

| 県庁所在地 |
|---|
| 長野市 |
| 人口 |
| 約200万人（16位） |
| 面積 |
| 約1万3,561平方km（4位） |

### 長野県の日本イチ！

- わさびの収穫量
- エノキタケ、ぶなしめじの生産量
- レタスの収穫量
- みその生産量

### あと有名なもの

- 善光寺
- 軽井沢・白糸の滝
- 戸隠神社
- 信州そば

### ワサビーヌ
ツーンと、はなにぬけるからさと
和のかおりが持ち味。
サラッとしたさわやかなせいかく。

### 長野といったら わさび！

長野県は山に囲まれた地域で、きれいな水がたくさん。だから、育てるにはきれいな水が欠かせないわさびがたくさん育てられているんだ。お米が育てにくい土地だから、代わりにわさびと相性バッチリの**おそば**の栽培もさかんだよ。

中部地方 長野県

## 日本アルプス

飛騨山脈、木曽山脈、赤石山脈の3つをこういうよ。日本列島の真ん中あたりにあるのもあって「日本の屋根」とよばれることもあるんだ。

→ スキー場もたくさん！

## 松本城

戦国時代に小笠原氏などによってつくられたとされていて、天守（お城のいちばん高い建物）は国宝に指定されているんだ。

→ みそづくりもさかん！

### おまけのマメ知識

**長野は博物館・美術館がたくさん！**

長野県は博物館や美術館がたくさんあって、日本では東京の次に多くあります。理由ははっきりとはしていませんが、地域ごとに文化の特色があり、ゆかりのある文化人などが多く住んでいたことなどがあげられます。

### いきなりクイズ
さるぼぼの「ぼぼ」ってなに？（正解はこの見開きのどこかにあるよ）

| 県庁所在地 |
|---|
| 岐阜市 |
| 人口 |
| 約193万人(17位) |
| 面積 |
| 約1万621平方km(7位) |

## 岐阜県の日本イチ！
- 包丁やはさみの生産量
- 陶磁器製和食器の生産量
- 水力エネルギー量
- 木製机、テーブル、いすの生産量

---

### あと有名なもの
- 白川郷
- 下呂温泉
- 高山祭
- 飛騨牛
- 五平餅

## サルボボーヌ
「子どもたちがすこやかに育つように、幸せになるように」といつもねがっている。こどもがだいすきなやさしいオバケ。

## 岐阜といったらさるぼぼ！

岐阜の民芸品として有名なのが、**布でつくられたぬいぐるみ・さるぼぼ**。「ぼぼ」は赤ちゃんという意味だから、猿の赤ちゃんのことだよ。「さる＝悪いものが去る」というような意味から、良縁や安産祈願のお守りになるんだって。

## 鵜飼

長良川で有名なのが**鵜飼**だ。鵜という鳥に魚をとらせて、吐き出させるという漁法だよ。

中部地方 / 岐阜県

飛騨山脈
白川
高山
御嶽山
下呂
長良川
関ケ原
岐阜

## 岐阜城

戦国時代の武将・**織田信長**が拠点としていたお城だよ。標高329ｍの山の上にあり、難攻不落の城といわれていたんだって。

おまけのマメ知識

### 関ケ原が東と西の境界？

関ケ原は1600年に起きた、石田三成率いる西軍と、徳川家康率いる東軍が天下分け目の戦いを繰り広げた場所です。いわゆる「東日本」「西日本」という区切りも、岐阜県と滋賀県の県境で分かれることが多くなっています。

**いきなりクイズ**
静岡が出荷額日本一のおもちゃは？（正解はこの見開きのどこかにあるよ）

| 県庁所在地 |
|---|
| 静岡市 |
| 人口 |
| 約355万人（10位） |
| 面積 |
| 約7,776平方km（13位） |

## 静岡県の日本イチ！

- お茶の収穫量
- サクラエビの水揚げ量
- ピアノの生産量
- プラモデルの出荷額

### あと有名なもの
- 駿河竹千筋細工
- 浜名湖のうなぎ
- 熱海温泉
- 韮山反射炉

### オチャーヌ
湯飲みのお茶に入っていてもふやけない。
いいかおりのお茶をみんなにふるまう。
おやまのような頭にはえた茶葉がチャームポイント。

## 静岡といったらお茶！

静岡県は全国のお茶の収穫量の約4割を占めるくらいお茶の栽培がさかん。いまでも4月の新茶の時期には、人の手で茶摘みが行われているんだ。お茶の栽培はむかしからやってたけど、とくに明治時代に牧之原台地の開拓が行われて発展したみたい。

## 富士山

山梨県と静岡県の県境にある日本一高い山だよ。周囲の神社や湖、登山道などとあわせて、2013年に世界文化遺産に登録されたんだ。

中部地方 / 静岡県

フジヤマーヌ

富士宮
熱海
静岡
駿河湾
伊豆半島
浜名湖
浜松

浜名湖のうなぎも有名！

## 登呂遺跡

弥生時代の生活の痕跡が残っている遺跡だよ。**竪穴式住居**や**高床倉庫**など、当時の建物も再現されているんだって。

### おまけのマメ知識

**どうしてサッカーが人気？**

静岡といえばたくさんのプロサッカー選手が生まれた場所としても有名。きっかけは大正時代、当時は野球が人気だったなかで、ある学校の校長先生がサッカーを校技（学校を代表する運動競技）にしたことにあるとされています。

熱田神宮にまつられているものは？（正解はこの見開きのどこかにあるよ）

| 県庁所在地 |
|---|
| 名古屋市 |

| 人口 |
|---|
| 約747万人(4位) |

| 面積 |
|---|
| 約5,173平方km(27位) |

### 愛知県の日本イチ！

- キクの生産量
- 工業製品の出荷額
- アサリの水揚げ量

### あと有名なもの

- 犬山市の犬山城
- 常滑焼
- 名古屋コーチン
- 小倉トースト

## テンムスーヌ

空からふってきたエビの天ぷらと合体した。
のり、お米、エビ天の全てのバランスが
ベストマッチ！

### 愛知といったら天むす!?

天むすはエビの天ぷらを具にしたおむすび。いまでは愛知の名物料理のひとつだよ。でもじつは、もともと三重県の定食屋で生まれたメニューだとか……。なんで愛知で定着したのかはわからないけど、愛知の人はむかしからエビが好きだったのかも。

中部地方 愛知県

## 名古屋城
名古屋を象徴するお城で、天守閣にかざられている**金のシャチホコ**がトレードマーク。1609年に徳川家康が建てたものなんだ。

## 熱田神宮
天皇家に伝わる三種の神器のひとつ、**草薙の剣**がまつられている神社だよ。境内には樹齢1000年といわれるクスノキがあるんだって。

あんことバターをぬった小倉トーストも有名！

\ おまけのマメ知識 /

### 戦国時代の有名人の出身地！
愛知県はもともと尾張、三河とよばれた地域でした。戦国時代の有名武将、織田信長と豊臣秀吉は尾張出身、徳川家康は三河出身なので、この3人にゆかりのある場所がたくさんあり、江戸時代になってからも栄えました。

# もっと！オバケーヌしょうかい！3

### ユニコーヌ
トレンドにくわしいファッションリーダー。みんなのコーディネートのそうだんにものっちゃう！

### ヨツバーヌ
めったに出会えないレアな子。見つけたら幸せになれるんだって。頭にヨツバのクローバーがはえているよ。

### フラワーヌ
芽から成長し、花を咲かせたオバケ。元気ハツラツで、フラダンスのようなうごきをよくする。

### オウチーヌ
サイズも心も大きいオウチのオバケ。住人のオバケたちを乗せたままゆっくり移動もできる。オバケーヌたちをみまもりながらつつみこんでくれる。

### メカーヌ
カタコト動くメカタイプのオバケ。コンセントをひっかけちゃったり、ちょっとドジっ子。ねじまきが止まるとシャットダウンしちゃう。

# 第4章 近畿地方

## OBAKENU 三重 MIE

**いきなりクイズ**
三重県の有名なお肉といったら何牛？（正解はこの見開きのどこかにあるよ）

| 県庁所在地 |
|---|
| 津市 |
| 人口 |
| 約172万人（22位） |
| 面積 |
| 約5,774平方km（25位） |

### 三重県の日本イチ！

- ろうそくの生産量
- ばらのりの水揚げ量
- ツツジの出荷量

### あと有名なもの

- 伊勢の夫婦岩
- ナガシマスパーランド
- 鳥羽水族館
- 真珠の養殖
- 松阪牛

### ニンジャーヌ

しゅりけんシュシュシュ！
どこからともなくどろどろ～んとあらわれ、
知らぬ間に消えている。

## 三重といったら忍者!?

三重県西部のあたりはむかし、伊賀国といわれていて、伊賀衆という人たちが独特の戦い方で活躍していたとか。伊賀市にはいまも伊賀流忍者博物館や、ともいきの国 伊勢忍者キングダムなどのテーマパークがあるんだって。

近畿地方 三重県

## 鈴鹿サーキット
日本で初めてできた国際レーシングコースで、フォーミュラ1(F1)というモータースポーツの大会が開催されたりするよ。

## 伊勢神宮
天皇家に伝わる三種の神器のひとつ、八咫の鏡がまつられている神社だよ。江戸時代にはたくさんの人が参拝しに来たんだって。

### おまけのマメ知識

#### 海女さんってどんな人？
酸素ボンベなどを背負わない素潜りで海に潜り、アワビやサザエなどをとる女性たちを海女といいます。奈良時代に編纂された『万葉集』でも海女さんのことが詠まれていて、いまでも志摩半島の近くには海女さんたちがいます。

| 県庁所在地 |
|---|
| 大津市 |
| 人口 |
| 約140万人（26位） |
| 面積 |
| 約4,017平方km（38位） |

**いきなりクイズ**
タヌキの置物はなんという焼き物？（正解はこの見開きのどこかにあるよ）

## 滋賀県の日本イチ！

- 日本一大きい湖・琵琶湖
- はかりの出荷額
- 麻織物の出荷額
- 接着剤の出荷額

### あと有名なもの

- 大津の石山寺
- 安土城跡
- 近江八幡の左義長まつり
- 甲賀流忍術屋敷
- ふなずし

### タヌキーヌ

かさをあやつり、思いがけないさいなんからみんなを守るふしぎな力を持ったオバケ。

## 滋賀といったらタヌキ!?

滋賀県の名産品のひとつが、甲賀の信楽町でつくられる信楽焼。そして信楽焼といったらタヌキの置物！　タヌキは「他を抜く」という意味の縁起物として、商売繁盛のためにお店の前に置かれることが多いのだ。かわいいよね。

近畿地方 滋賀県

# 彦根城
かつての彦根藩の藩主・井伊家の居城で、天守は国宝になっているよ。

琵琶湖は「湖水浴」もできる！

# 比叡山延暦寺
最澄というお坊さんが開いた、仏教の宗派のひとつ天台宗の総本山。織田信長によって焼かれたりもしたけれど、のちに豊臣秀吉や徳川家康などによって再建されたんだって。

タヌキーヌのあいぼう？

キツネーヌ

## おまけのマメ知識

### 琵琶湖の名前の由来は？
琵琶湖の「琵琶」とは楽器の名前です。いまの琵琶湖と、比叡山を守る神とされていたのが弁財天で、弁財天が持っているのが琵琶です。14世紀くらいから、書物で「琵琶の形に似ている」という記述がされるようになったといわれています。

## いきなりクイズ

金閣寺の正しい名前は？（正解はこの見開きのどこかにあるよ）

| 府庁所在地 |
|---|
| 京都市 |
| 人口 |
| 約253万人（13位） |
| 面積 |
| 約4,612平方km（31位） |

### 京都府の日本イチ！

- 国指定重要文化財の建造物の件数
- 国宝の建造物数
- ほんしめじの生産量

### あと有名なもの

- 清水寺
- 二条城
- 伏見稲荷大社
- 京野菜
- 西陣織
- 祇園祭

### マイコーヌ

歌やおどりでイベントをもりあげる。
お色気とチャーミングさに
メロメロにされちゃうかも。

## 京都といったら舞妓さん！

京都といったら有名なのが舞妓さん。祇園などで目にすることができるよ。でも、じつは舞妓とよばれるのはお酒の席で舞を舞ったりするお仕事をする芸妓になるための修業中の人のことなんだって。作法や踊りを勉強しているみたい。

## 天橋立
日本三景のひとつで、砂が積もってできた細長い砂州のこと。天にかかる橋のようにみえることから、この名前がついたみたいだよ。

## 金閣寺
室町時代の将軍、足利義満が建てた、全体が金箔で覆われている建物があるお寺。正しい名前は鹿苑寺だよ。

近畿地方 京都府

宮津湾
舞鶴
鞍馬山
亀岡
比叡山
京都
宇治

## 五山の送り火
京都市内にある5つの山に、「大」などの文字を火で表現するイベントだよ。先祖の霊を送る意味があるんだって。

抹茶のスイーツもいっぱい！

マッチャーヌ

 おまけのマメ知識

### 京都の住所はちょっとふしぎ
京都では住所のよび方が独特で、たとえば京都市役所の住所は「中京区寺町通御池上る上本能寺前町488」といいます。これは、寺町通りに面していて、御池（通り）を上る（北に行く＝北側にある）……ということを意味しています。

## 大阪 OSAKA

**いきなりクイズ**
通天閣にある像の名前は?(正解はこの見開きのどこかにあるよ)

| 府庁所在地 |
|---|
| 大阪市 |
| 人口 |
| 約876万人(3位) |
| 面積 |
| 約1,905平方km(46位) |

### 大阪府の日本イチ!
- 日本一長い天神橋筋商店街
- 野球・ソフトボール用具の生産額

### あと有名なもの
- ユニバーサル・スタジオ・ジャパン
- 万博記念公園
- 道頓堀
- 天神祭
- 串カツ

### オバチャーヌ
スーパーで安いものを買うのがだいすき!
ハデな見た目だがにんじょう深い。
あめちゃんをみんなにふるまう。

## 大阪といったらおばちゃん!?

大阪は東京に次ぐ日本第2位の都市で有名なものもたくさんあるけど、魅力のひとつはそこに暮らす人々。なかでも「大阪のおばちゃん」は人情味あふれるキャラクターと動物柄の服を着ているイメージで、大阪を代表するアイコンのひとつだよ。

## 通天閣
新世界とよばれる繁華街に建っている展望塔。足の裏をなでるとご利益があるとされる**ビリケン像**もあるんだ。

近畿地方 大阪府

## 大阪城
**豊臣秀吉**が建てたお城で、江戸時代に再建されたか所がいまも多く残っているよ。

淀川
大阪
大阪湾
堺
岸和田

## 岸和田だんじり祭
300年以上もの歴史があるお祭りで、だんじりとよばれる大きな山車が町中を練り歩くよ。

タコヤキーヌ

おまけの マメ知識

### 大阪は天下の台所
江戸時代、大阪には北前船という船で、全国からいろいろな食料が集まってきたことから**「天下の台所」**とよばれていました。いまでも道頓堀などにはたくさんの飲食店が建ち並び、食い倒れの町といわれています。

67

**いきなりクイズ**
姫路城の別名は？（正解はこの見開きのどこかにあるよ）

| 県庁所在地 |
|---|
| 神戸市 |
| 人口 |
| 約537万人（7位） |
| 面積 |
| 約8,400平方km（12位） |

## 兵庫県の日本イチ！

- 日本一、2本の主塔の間が長い明石海峡大橋
- ため池の数
- ランドセルの出荷額

### あと有名なもの

- 神戸ポートタワー
- 竹田城跡
- 宝塚大劇場
- 有馬温泉
- 但馬牛

### タマネギーヌ
丸っこいフォルムでコロコロ転がりながらのいどうが上手。
やわらかさとあまさがじまん！

## 兵庫といったらタマネギ!?

兵庫県の淡路島は温暖で雨が少ない気候。そのため、タマネギの栽培がさかんで、甘みが強くておいしいんだって。ただし、収穫量は北海道が1位。あと、明石海峡などではタコの水揚げ量も多くて、**明石焼き**など、タコをつかった料理もあるよ。

近畿地方 / 兵庫県

## 姫路城
多くの部分が白い漆喰で塗られていることなどから、**白鷺城**ともよばれるきれいなお城だよ。1993年に世界文化遺産に登録されたんだ。

タコもよくとれる！

タコーヌ

豊岡

姫路

六甲山

神戸　尼崎

明石

明石海峡

大阪湾

淡路島

## 阪神甲子園球場
春と夏に**高校野球の全国大会**が開かれる会場で、高校球児たちのあこがれの場所。

### おまけのマメ知識

**メリケンってなに？**

神戸は大きな港町で、港のあたりはメリケンパークともよばれます。メリケンとは「アメリカン」が変化した言葉。明治時代から西洋をはじめとしたたくさんの外国人がやってきたことから、いまも町中には異国情緒あふれる景色が広がっています。

| 県庁所在地 |
|---|
| 奈良市 |
| 人口 |
| 約129万人(28位) |
| 面積 |
| 約3,690平方km(40位) |

**いきなりクイズ**
法隆寺の有名な俳句を詠んだのはだれ？
（正解はこの見開きのどこかにあるよ）

## 奈良県の日本イチ！

- 金魚の販売量
- 毛皮の生産量
- 割り箸の生産量

### あと有名なもの

- 春日大社
- 高松塚古墳
- 吉野杉
- 陀々堂の鬼走り
- 柿の葉ずし
- 奈良漬

## シカーヌ

だいこうぶつのせんべいを持つ人を見るとしゅうだんで集まってきちゃうかも！

## 奈良といったらシカ！

「奈良時代」という時代もあったように、奈良は古い歴史を持つ地域でお寺がたくさん。奈良公園にはたくさんのシカがいるけど、これは神の使いとされていて、国の天然記念物にも指定されているんだって。おせんべいをあげることもできるよ。

近畿地方 / 奈良県

**東大寺**
奈良時代に建てられたとされる、世界最大級の仏像があるお寺。

**法隆寺**
世界最古の木造建築で、世界文化遺産に登録されているよ。正岡子規の「柿くへば鐘が鳴るなり法隆寺」という俳句が有名だね。

じつはお肉の消費量も多い県 ↙

**奈良は金魚も有名！**
大和郡山では金魚の養殖もさかんで、全国トップレベルの産地。これは江戸時代に、この土地に暮らしていた武士たちが副業として始めたものとされています。最近だと外国にも金魚のファンがたくさんいるんだとか。

**いきなりクイズ**
高野山を開いたお坊さんの名前は？（正解はこの見開きのどこかにあるよ）

| 県庁所在地 |
|---|
| 和歌山市 |
| 人口 |
| 約89万人(40位) |
| 面積 |
| 約4,724平方km(30位) |

### 和歌山県の日本イチ！

- ミカンの収穫量
- うめの収穫量
- 柿の収穫量

---

### あと有名なもの

- 熊野古道
- 那智の扇祭り
- 太地浦くじら祭
- 紀州たんす

## ラーメンヌ

しょう油ベースのとんこつだしのいいかおり。
ラーメンヌに出会うとぜったいラーメンが
食べたくなっちゃうまほうにかかる。

### 和歌山といったらラーメン!?

和歌山はミカンやうめも有名だけど、ラーメンも有名。**和歌山ラーメン**という名前も全国に知られているね。もとは路面電車の駅の前の屋台などから始まったものだとか。でもじつは、和歌山県自体はそんなにラーメンの消費量は多くないみたい。

近畿地方 / 和歌山県

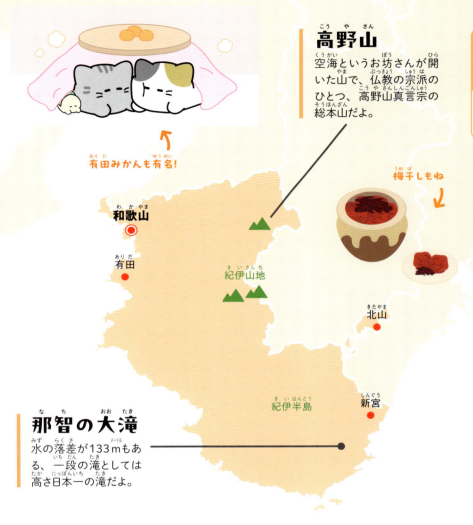

## 高野山
空海というお坊さんが開いた山で、仏教の宗派のひとつ、高野山真言宗の総本山だよ。

↑ 有田みかんも有名!

→ 梅干しもね

和歌山
有田
紀伊山地
北山
紀伊半島
新宮

## 那智の大滝
水の落差が133mもある、一段の滝としては高さ日本一の滝だよ。

\ おまけの マメ知識 /

### 和歌山の飛び地はどうしてできた?
地図でちょっとだけ離れている場所は北山村という場所で、これは全国でもとってもめずらしいことです。これは、北山村が望んだからで、もともと木材をよく新宮市の商人に受け渡していて、つながりが強かったからといわれています。

# もっと！オバケーヌしょうかい！4

### ベアーヌ
こんがり日にやけたはだをもつ白クマのオバケ。クマ耳がチャームポイント。おはだがやけやすいのがなやみ。

### トラーヌ
とにかくかおがいいトラのオバケ。かくれファンがたくさんいるらしい。

### ウシーヌ
マイペースなウシのオバケ。とってもマイペースで自分のせかいがあるみたい。

### カメーヌ
ポテンシャルを秘めた小さいカメのオバケ。の〜んびりしているが、じつははしるとはやい。

### クリオーヌ
とてもピュアな心をもつクリオネのオバケ。ハートマークがチャームポイントで、ほんのりすけている。

### イルカーヌ
泳ぎのうまいイルカのオバケ。なめらかできれいな泳ぎにみんなついついみいっちゃう。

# 第5章 中国地方・四国地方

鳥取県
(76ページ)

島根県
(78ページ)

岡山県
(80ページ)

広島県
(82ページ)

山口県
(84ページ)

香川県
(88ページ)

徳島県
(86ページ)

愛媛県
(90ページ)

高知県
(92ページ)

## いきなりクイズ

鳥取でよくつくられるナシの品種はどこ生まれ？（正解はこの見開きのどこかにあるよ）

| 県庁所在地 |
|---|
| 鳥取市 |
| 人口 |
| 約53万人(47位) |
| 面積 |
| 約3,507平方km(41位) |

## 鳥取県の日本イチ！

- 人口の少なさ
- らっきょうの収穫量

### あと有名なもの

- 倉吉白壁土蔵群
- 三朝温泉
- 鳥取しゃんしゃん祭
- 弓浜絣
- じんたんずし

### ナシーヌ

ジューシーなかじゅうを
あつくなるとふりまく。
コップに入れて飲んでみて！すごく美味しいから。

## 鳥取といったらナシ！

ナシの収穫量1位は山梨県だけど、「二十世紀」という品種だけで見ると、鳥取県が日本一！でもじつは、品種自体は千葉県で生まれたものだったりするけど……。まあ、おいしいからいいよね。もう100年以上もつくり続けているんだって。

中国地方・四国地方 | 鳥取県

## 鳥取砂丘
東西にわたって約16kmもつづいている広い海岸砂丘だよ。ラクダに乗る体験もできるんだって。

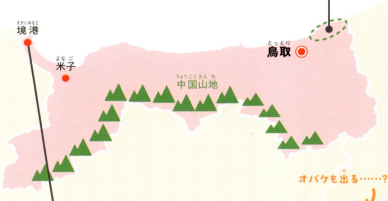

境港
米子
中国山地
鳥取

## 水木しげるロード
マンガ『ゲゲゲの鬼太郎』の作者・水木しげるさんの故郷だよ。たくさんの妖怪の銅像がある、観光名所になっているんだ。

オバケも出る……？

### おまけのマメ知識

**神話・因幡の白兎の舞台！**

日本に現存する最古の歴史書とされる『古事記』に出てくる**「因幡の白兎」**というエピソードの舞台になっているとされているのが、鳥取の海岸です。鳥取市内には、この白兎を神さまとしてまつっている**白兎神社**もあります。

いきなりクイズ
日本でよく食べられるのはなんというシジミ？
（正解はこの見開きのどこかにあるよ）

| 県庁所在地 |
|---|
| 松江市 |
| 人口 |
| 約65万人（46位） |
| 面積 |
| 約6,707平方km（19位） |

## 島根県の日本イチ！

- シジミの水揚げ量
- ボタンの生産量
- 大田にある世界最大の砂時計

### あと有名なもの
- 江島大橋（鳥取県にまたがる）
- 石見神楽
- どじょうすくい踊り
- 出雲そば

### シジミーヌ
貝がらのおうちがステキ。
ころっとしたしじみの小さなオバケ。
よっぱらっちゃった人にもやさしさをはっきするよ。

## 島根といったらシジミ!?

島根の**宍道湖**は日本でいちばんシジミが取れる場所！　地元の漁師さんたちががんばって守ってきた漁場で、いまでもシジミの数が減りすぎないように気をつけながら漁をしているんだって。ふつう食べられているのは**ヤマトシジミ**っていう種類だよ。

## 隠岐諸島

鎌倉幕府を倒そうとして失敗した後鳥羽上皇が流された場所だよ。牛同士が角を突き合わせる**「牛突き」**という文化があるんだ。

竹島

島後
島前

ウシーヌは
のんびりが好き

松江

出雲　宍道湖

## 石見銀山

戦国時代から江戸時代にかけてさかえた銀山だよ。2007年に世界文化遺産に登録されたよ。

大田

中国地方・四国地方

島根県

## 出雲大社

**大国主命**がまつられている神社だよ。旧暦10月になると、日本全国の神さまがここに集まるとされているんだ。

おまけのマメ知識

### どじょうすくいってどんな踊り？

ほっかむりをして、大きなざるを持ってユーモラスに踊るのがどじょうすくい踊り。「安来節」という島根県を代表する郷土民謡の一部で、もともとはどじょうを食べながらお酒を飲む席での余興として楽しまれていたものとされています。

### いきなりクイズ
桃太郎のモデルになったとされる人は？
（正解はこの見開きのどこかにあるよ）

| 県庁所在地 |
|---|
| 岡山市 |
| 人口 |
| 約184万人(20位) |
| 面積 |
| 約7,114平方km(17位) |

### 岡山県の日本イチ！
- 学生服の生産額
- 都道府県立図書館の来館者数
- 畳表の生産額

### あと有名なもの
- 瀬戸大橋(香川県にまたがる)
- 奥津渓
- 倉敷のジーンズ
- 水島臨海工業地帯
- おかやま桃太郎まつり

### モモーヌ
上品な白いモモが頭にはえたオバケ。
せんさいな子なので
やさし〜くあつかってあげてね。

### 岡山といったらモモ！

岡山といったら有名なのは桃太郎！ 吉備津彦命が鬼を退治した伝説がもとになったお話だとされているんだ。岡山には吉備津神社や、鬼ノ城とよばれる山城のあとがあり、桃太郎伝説が残っている場所なんだよ。もちろんモモの栽培もさかんだ。

中国地方・四国地方 岡山県

蒜山高原はジャージー牛の飼育もさかん。プリンもあるよ！

蒜山

備前

岡山

倉敷

瀬戸大橋

## 倉敷美観地区
倉敷は江戸時代に栄えた場所で、いまでも柳並木や白壁土蔵造りの建物など、江戸時代の風情が残る町並みが広がっているんだ。

学生服づくりもさかん！

## 岡山後楽園
江戸時代の岡山藩主がつくった日本三名園のひとつ。近くの岡山城や操山などを風景に取り入れているんだ。

\おまけの マメ知識/

### 国産ジーンズ発祥の場所！
倉敷は学生服でも有名ですが、もうひとつ有名なのがジーンズ。1965年に制服などをつくっていた会社が初めて国産ジーンズをつくり始め、ジーンズ関連の会社が集まってきました。児島ジーンズストリートという場所もあります。

**いきなりクイズ**
原爆ドームはもともとなんの建物だった？
（正解はこの見開きのどこかにあるよ）

| 県庁所在地 |
|---|
| 広島市 |
| 人口 |
| 約273万人（12位） |
| 面積 |
| 約8,478平方km（11位） |

## 広島県の日本イチ！

- カキの水揚げ量
- レモンの収穫量
- 人口当たりのお好み焼き、焼きそば、たこ焼きの店の数

### あと有名なもの
- 平和記念公園
- 鞆の浦
- ひろしまフラワーフェスティバル
- たこめし

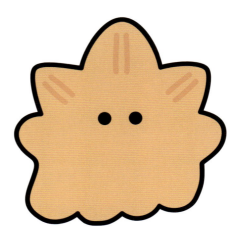

**モミジーヌ**
モミジの形の
やわらかいボディの中には
なんと、あんこがいっぱい。

## 広島といったらもみじまんじゅう！

広島の銘菓として知られているのが、おもに厳島で売られているもみじの形をしたもみじまんじゅう！厳島の和菓子職人さんが考えたといわれていて、それが広まったんだ。そのまま食べてもいいけど、油であげてもおいしいんだって。

## 厳島神社(いつくしまじんじゃ)

海の上にある大きな鳥居が有名な神社だよ。平安時代に**平清盛**がつくったとされているんだ。1996年に世界文化遺産に登録されていて、日本三景のひとつなんだ。

中国地方・四国地方 広島県

比婆山(ひばやま)
福山(ふくやま)
広島(ひろしま)
厳島(いつくしま)
呉(くれ)

**カキも有名!**

カキーヌ

## 原爆ドーム(げんばく)

第二次世界大戦のとき、広島に落とされた**原子爆弾**によって壊れたまま残されている建物だよ。もともとは広島の物産品を展示・販売する施設だったんだって。1996年に世界文化遺産に登録されたよ。

### おまけのマメ知識

**負の世界遺産ってなに?**

原爆ドームは「負の世界遺産」ともよばれます。これは、人類がやってしまった間違いを繰り返さないように、人々に覚えておいてほしいという願いからそうよばれる世界遺産のことです。ほかの国でも、奴隷貿易の施設などが負の世界遺産とよばれたりします。

いきなりクイズ
壇ノ浦古戦場があるのはなんという公園？
（正解はこの見開きのどこかにあるよ）

| 県庁所在地 |
| --- |
| 山口市 |
| 人口 |
| 約129万人(27位) |
| 面積 |
| 約6,112平方km(23位) |

## 山口県の日本イチ！

- アマダイの水揚げ量
- おみくじの生産量
- 萩にある日本一低い火山・笠山

### あと有名なもの
- 錦帯橋
- 秋吉台
- 角島大橋
- 瓦そば

## フグーヌ
まんまるボディでも泳ぎはバツグン。
大きめヒレがチャームポイント。

## 山口といったらふぐ(ふく)！

山口の下関海峡ではふぐの水揚げ量が多く、お刺身や鍋などでよく食べられるよ。毒を抜くための施設もたくさんあるから、ほかの都道府県でとれたふぐも集まるんだって。福をよぶ意味から、地元だと「ふく」ってよばれるんだとか。

中国地方・四国地方　山口県

## 松下村塾
幕末に吉田松陰という人が開いた塾で、のちに初代総理大臣になった伊藤博文など、多くの偉人たちが学んだんだ。

勉強はやっぱり大事だね！

萩
山口
岩国
防府
下関
関門海峡
周防灘
防予諸島

## 壇ノ浦古戦場跡
平安時代、源氏と平氏が戦った場所で、源氏が勝利し、のちに鎌倉幕府が誕生することになったんだ。みもすそ川公園のなかにあるよ。

下関の水族館・海響館には世界最大級のペンギンプールがあるよ！

\おまけのマメ知識／

### カルスト地形とは？
山口県の**秋吉台**という場所は日本最大級の**カルスト地形**です。カルスト地形とは水に溶けやすい石灰岩の土地が長年の雨水や地下水などによって侵食されてできた地形のこと。秋吉台の地下には、**秋芳洞**という鍾乳洞があります。

85

お遍路のスタート地点はなんというお寺？
（正解はこの見開きのどこかにあるよ）

| 県庁所在地 |
| --- |
| 徳島市 |
| 人口 |
| 約69万人(44位) |
| 面積 |
| 約4,146平方km(36位) |

### 徳島県の日本イチ！

- スダチの収穫量
- 生しいたけの収穫量
- LEDの生産量

#### あと有名なもの

- 霊山寺
- 大浜海岸
- 祖谷のかずら橋
- 大塚国際美術館
- たらいうどん

### オドソーヌ

ふだんはおとなしいがあわおどりを
おどりだすと祭りが終わるまで
止まらない。

## 徳島といったら阿波おどり！

徳島で8月に行われる盆踊りでは連というグループごとに歌いながら町中を踊り歩くよ。女性は編笠をかぶって、下駄やぞうりをはいて踊るんだって。この時期には国内外からたくさんの観光客がやってくるんだ。阿波は徳島県のむかしのよび名だよ。

中国地方・四国地方 | 徳島県

## 鳴門海峡

徳島県と兵庫県のあいだにある海峡で、狭いところにたくさんの海水が流れ込んでくることから、大きな**うずしお**ができるんだ。

鳴門
徳島
阿南
吉野川

## 大歩危、小歩危

吉野川の流れでできた谷、**大歩危峡**と**小歩危峡**のふたつをあわせてこうよぶよ。船下りの人気スポットなんだ。

ヒョロリーヌも踊るの大好き！

おまけのマメ知識

### お遍路ってどんなもの

四国にある**88か所の札所**とよばれる場所を歩いてまわる修行のことを**お遍路**といいます。これはむかし、空海というお坊さんが修行した場所をめぐるものとされます。札所は徳島以外にもありますが、最初の札所・**霊山寺**は鳴門にあります。

いきなりクイズ
香川県のマークのモチーフになっている木は？（正解はこの見開きのどこかにあるよ）

| 県庁所在地 |
|---|
| 高松市 |
| 人口 |
| 約92万人（38位） |
| 面積 |
| 約1,876平方km（47位） |

### 香川県の日本イチ！

- オリーブの収穫量
- 人口あたりのそば・うどん店の数
- 都道府県の面積の小ささ

### あと有名なもの

- 小豆島のエンジェルロード
- 丸亀城
- 丸亀うちわ
- 高松のひょうげ祭り
- カンカンずし

## ウドーンヌ

もちもちしたコシのあるじまんのめんが
あたまからはなれない！
ときどきおなかがすいたら食べてるよ。

### 香川といったらうどん！

香川は公式にも「うどん県」といっているくらい、うどんが有名なところ。西部だと、新しく家を建てたら湯船にお湯をためて、入浴しながらうどんを食べる習慣もあるんだって。うどんみたいに太く長く生きるための願かけみたいだよ。

中国地方・四国地方　香川県

## 瀬戸大橋

岡山県の倉敷とつながっている長い橋だよ。道路と鉄道がある橋としては世界でいちばん長いのだ。

小豆島

高松

さぬき

丸亀

琴平山

こちらはキツネーヌとクリオーヌ

## 金刀比羅宮

「さぬきのこんぴらさん」として地元の人に親しまれている神社だよ。海の神さまをまつっているんだって。1,368段もある長い石の階段も有名なんだ。

おまけのマメ知識

### 香川でオリーブが育てられているワケ

小豆島は気候がヨーロッパの地中海に似ているとされ、オリーブの栽培がさかんです。もともと戦国時代にポルトガルの人が持ち込んだとされていて、薬としてもつかわれていました。香川県のシンボルマークもオリーブの葉っぱがモチーフになっています。

## いきなりクイズ

松山城はなんという山に建っている？（正解はこの見開きのどこかにあるよ）

| 県庁所在地 |
|---|
| 松山市 |
| 人口 |
| 約129万人（29位） |
| 面積 |
| 約5,675平方km（26位） |

### 愛媛県の日本イチ！

- タオルの出荷額
- キウイフルーツの収穫量
- 養殖マダイの水揚げ量

### あと有名なもの

- 今治タオル
- 坊っちゃん列車
- 子規記念博物館
- 別子銅山
- 鯛めし

### ミカーンヌ

オレンジ色がまぶしい。100パーセントかじゅうのみかんジュースをふるまうよ。

## 愛媛といったらみかん！

みかんだけだと和歌山県のほうが多いけど、**いよかん、ぽんかん、デコポン**など、かんきつ類をぜんぶまとめると、愛媛は収穫量が日本一！温暖な気候を活かし、**段々畑**などを利用して、たくさんのかんきつ類を育てているよ。

90

## 松山城
勝山という山の上に建てられたお城で、天守など、たくさんの部分が国の重要文化財に指定されているんだ。

芸予諸島

ふかふか
タオル
きもちいい〜！

今治

松山

伊予

宇和海

中国地方・四国地方
愛媛県

## 道後温泉
『万葉集』にも出てくるし、聖徳太子もやってきたとされる、日本でも有数の長い歴史をもつ温泉だよ。最初に白鷺が見つけたという伝説が残っていて、**鷺石**という石も道後温泉駅前にあるんだって。

\おまけのマメ知識/

### 夏目漱石の名作『坊っちゃん』の舞台！
松山は明治の文豪・夏目漱石の代表作のひとつ『**坊っちゃん**』の舞台で、作中に登場する蒸気機関車を模した**坊っちゃん列車**が走るなど、観光の目玉のひとつになっています。夏目漱石自身も**道後温泉**を気に入り、愛用した部屋は「**坊っちゃんの間**」として残っています。

**いきなりクイズ**
坂本龍馬像はどこに建っている？（正解はこの見開きのどこかにあるよ）

| 県庁所在地 |
|---|
| 高知市 |
| 人口 |
| 約66万人(45位) |
| 面積 |
| 約7,102平方km(18位) |

### 高知県の日本イチ！

- ユズの収穫量
- ナスの収穫量
- ショウガの収穫量

#### あと有名なもの
- 高知城
- カツオの一本釣り
- よさこい祭り
- 室戸岬灯台
- 皿鉢料理

**トサワンコーヌ**
ケンカが強いとうわさされていて
こわそうに見えるけど
ちょっぴりはずかしがりやさん。

## 高知といったら土佐闘犬！

土佐闘犬は犬種のひとつで、闘犬という犬同士を争わせる闘技に出場させるための犬だよ。むかしから行われていたみたいだけど、幕末から土佐藩士の士気を高めるためにさかんになったとか。専用の化粧まわし(飾り)もあるんだって。

中国地方・四国地方 高知県

## 桂浜
弓のようなかたちに広がっている美しい砂浜。月の名所でもあり、高知県出身の偉人・**坂本龍馬の像**も建っている場所だ。

土佐　高知　安芸
四万十　室戸岬

カツオの一本釣りも有名！

## 四万十川
四国でいちばん長い川で、大きなダムなどもないため、自然の生態系が保たれているんだ。**日本最後の清流**などともよばれるよ。

\おまけの マメ知識/

### 「よさこい」は高知が本場！
いまでは日本全国に広まっている**「よさこい」**ですが、もともとは高知で毎年8月に行われるよさこい祭りが最初です。鳴子という楽器を手に持ちながら、たくさんの人が踊ります。始まったのは1954年と、じつは最近のことです。

# もっと！オバケーヌしょうかい！ 5

### オニギリーヌ
おにぎりのオバケ。具は毎日おきがえしてる。なかよくなったら、ノリをめくって具をみせてくれるかも!?

### タコヤキーヌ
かんさい生まれ、ソース味のタコヤキのオバケ。ノリツッコミばっちりで、かんさいべん。しぜんとみんながあつまっちゃう。

### フランスパーヌ
スラっとモデル体けいで、幸せのかおりがする。こうばしくてスタイルがいい、パリ生まれのおしゃれさん。

### スシーヌ
わびさびの心をもったスシのオバケ。あたまのうえのネタは自由じざい。マグロいがいもかぶる。わさびは飲みものです。

### マカロンヌ
せまいところがすきでマカロンにはさまったらぬけなくなったオバケ。いつもむぎゅっとはさまれていたい。

### ゼリーヌ
ツヤツヤ肌のゼリーのオバケ。味は自由じざい。とにかくツヤツヤ。その日の気分で色や味がかえられるよ。

# 第 6 章
# 九州地方・沖縄地方

福岡県
(96ページ)

佐賀県
(98ページ)

大分県
(104ページ)

長崎県
(100ページ)

熊本県
(102ページ)

宮崎県
(106ページ)

鹿児島県
(108ページ)

沖縄県
(110ページ)

いきなり
**クイズ**
太宰府天満宮にまつられているのはだれ？
（正解はこの見開きのどこかにあるよ）

| 県庁所在地 |
|---|
| 福岡市 |
| 人口 |
| 約510万人(8位) |
| 面積 |
| 約4,987平方km(29位) |

## 福岡県の日本イチ！

- たけのこの収穫量
- かいわれだいこんの収穫量
- タンスの生産量

### あと有名なもの
- 宗像大社
- 沖ノ島
- バナナの叩き売り
- 辛子明太子
- 博多どんたく
- 水炊き

### イチゴーヌ
コロコロかわいいけれど
意外とずっしりしている。
あまさとすっぱさのバランスがさいこう！

## 福岡といったらいちご！

いちごの収穫量日本一は栃木県だけど、福岡はそれに次ぐ2位！ とくに「博多あまおう」というブランドで販売されているいちごが有名だ。あまおうという名前は「あかい」「まるい」「おおきい」「うまい」の頭文字からついたんだって。

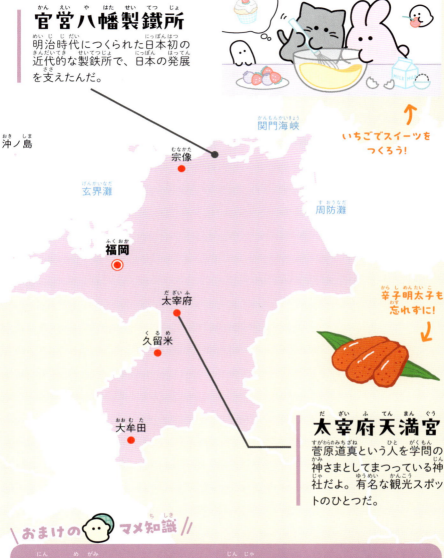

### 九州地方・沖縄地方 ｜ 福岡県

**官営八幡製鐵所**
明治時代につくられた日本初の近代的な製鉄所で、日本の発展を支えたんだ。

いちごでスイーツをつくろう！

辛子明太子も忘れずに！

**太宰府天満宮**
菅原道真という人を学問の神さまとしてまつっている神社だよ。有名な観光スポットのひとつだ。

\ おまけのマメ知識 /

**3人の女神がまつられている神社**
沖ノ島にある沖津宮、大島の中津宮、宗像市内にある辺津宮は、宗像三女神（田心姫神、湍津姫神、市杵島姫神）という3人の女神さまがそれぞれまつられていて、世界文化遺産に登録されています。航海の安全を守る神さまです。

**いきなりクイズ**
有明海にいる皮膚呼吸できる生きものは？
（正解はこの見開きのどこかにあるよ）

| 県庁所在地 |
|---|
| 佐賀市 |
| 人口 |
| 約79万人(42位) |
| 面積 |
| 約2,440平方km(42位) |

### 佐賀県の日本イチ！

- 養殖のりの収穫量
- 人口当たりの薬局の数

#### あと有名なもの
- 伊万里焼、有田焼
- 唐津城
- 佐賀インターナショナルバルーンフェスタ
- 伊万里トンテントン祭り
- シシリアンライス

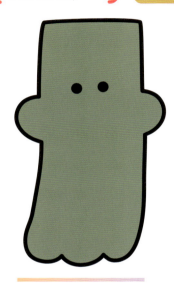

## ノリーヌ
いそのかおりを風に乗せ
気持ちよさそうに天空高くとびまわる。

### 佐賀といったらのり！

有明海でとれるのりの量は日本一！　干潮のときと満潮のときの差が激しいのが、のりの育成に適しているらしいよ。さらに、有明海は、皮膚で呼吸できるから陸も歩ける**ムツゴロウ**など、いろいろな生きものが暮らしている場所なんだ。

## 唐津くんち

唐津神社で11月に行われるお祭りで、**タイなどのかたちをした山車**が有名。国の無形文化財にも登録されているんだ。

九州地方・沖縄地方

佐賀県

東松浦半島
唐津湾
伊万里湾
唐津
鳥栖
伊万里
吉野ヶ里
有田
佐賀
有明海

ラッコーヌ

## 吉野ヶ里遺跡

弥生時代の人たちの生活の跡が見つかった遺跡だよ。

 マメ知識

### シシリアンライスって?

**シシリアンライス**は佐賀市内の飲食店で食べられる料理で、ご飯のうえに味つけしたお肉や野菜をのせ、マヨネーズをかけたもの。発祥や名前の由来などはよくわかっていないけれど、**イタリアのシチリア島をイメージしてつくられた**……という説もあるようです。

**いきなりクイズ**
鎖国中に出島に住めたのはどこの国の人？
（正解はこの見開きのどこかにあるよ）

| 県庁所在地 |
|---|
| 長崎市 |
| 人口 |
| 約126万人（30位） |
| 面積 |
| 約4,131平方km（37位） |

### 長崎県の日本イチ！
- 島の数
- ビワの収穫量
- アジの水揚げ量
- クロマグロの水揚げ量

### あと有名なもの
- 長崎の出島
- 波佐見焼
- 大浦天主堂
- 長崎くんち
- カステラ

### ビードローヌ
ふきガラスから生まれた。
ぽっぺん、ぽっぺんと音をならしながらとび回る。
ガラスボディのオバケ。

## 長崎といったらビードロ！？

長崎は江戸時代でも外国の船が来ることを許された珍しい場所で、西洋のものがたくさん入ってきたんだ。そのひとつがガラス細工で、「長崎びいどろ」として有名。ビードロはポルトガル語でガラスのこと。雲仙には**ビードロ美術館**もあるよ。

# 九州地方・沖縄地方

## 長崎県

佐世保バーガーも有名！

壱岐

対馬

佐世保

五島列島

諫早

有明海

長崎

雲仙岳

### 端島
炭鉱でさかえた島で、一時は5,000人以上の人が暮らしていたんだって。軍艦みたいに見えたから「軍艦島」ともよばれていたよ。

### 平和公園
第二次世界大戦のときの原子爆弾の落下地点につくられた公園。毎年8月には式典が行われるよ。**平和祈念像**もあるんだ。

おまけのマメ知識

### 出島ってどんな場所？
**出島は長崎の港につくられた人工の島です。** 鎖国していた江戸時代に、オランダの人は、この出島にだけは住むのを許されていました。明治時代に埋め立てられて「島」ではなくなりましたが、最近は当時の復元が進んでいるといいます。

### いきなりクイズ
熊本城を建てた武将はだれ？（正解はこの見開きのどこかにあるよ）

| 県庁所在地 |
|---|
| 熊本市 |

| 人口 |
|---|
| 約170万人（23位） |

| 面積 |
|---|
| 約7,409平方km（15位） |

### 熊本県の日本イチ！
- スイカの収穫量
- トマトの収穫量
- いぐさの収穫量
- 釈迦院御坂遊歩道の日本一長い石階段

### あと有名なもの
- 荒尾の三池炭鉱
- 阿蘇神社
- からしれんこん
- いきなり団子

### オシローヌ
てんしゅかくからのながめはぜっけい。
和服を着たオバケたちが集まるよ。

## 熊本といったらお城！？

熊本のシンボルといえるのが、**日本三名城のひとつ・熊本城**。豊臣秀吉に仕えた**加藤清正**という武将が建てたものだ。2016年の熊本地震で一部が崩れちゃったけど、修復作業が進められているんだ。「武者返し」という石垣も有名だよ。

## 阿蘇山

世界最大級の**カルデラ（くぼ地）**があり、たくさんの人が暮らしているよ。火口はいまも水蒸気が上がったりしているんだって。

九州地方・沖縄地方 | 熊本県

## 天草諸島

120もの島からできていて、戦国時代にはキリスト教が広まった場所。世界文化遺産にも登録されているんだ。

スイカの収穫量も日本一！

### 水俣病ってどんなもの？

**水俣病**は高度成長期に、工場から垂れ流された有害物質を近くの住人たちが食べものなどから口にしたことで起きてしまった公害病です。**新潟水俣病**、**イタイイタイ病**、**四日市ぜんそく**と合わせて、**四大公害病**ともいわれています。

## いきなりクイズ
石壁などに彫られた仏像をなんとよぶ？
（正解はこの見開きのどこかにあるよ）

| 県庁所在地 |
|---|
| 大分市 |
| 人口 |
| 約109万人（34位） |
| 面積 |
| 約6,340平方km（22位） |

### 大分県の日本イチ！
- かぼすの収穫量
- 干ししいたけの生産量
- 温泉の源泉数
- 地熱発電量

---

### あと有名なもの
- 宇佐神宮
- 高崎山自然動物園
- 姫だるま
- だんご汁

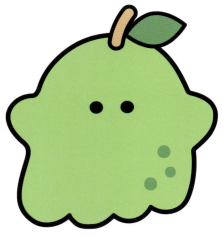

## カボスーヌ
クエンさん、ビタミンCをタップリふくんでる。
さっぱりとしたせいかくで、
美しい緑色のボディーがとくちょう。

## 大分といったらかぼす！

大分県はかぼすの収穫量が日本一！ 国内の9割以上のかぼすが大分でとれたものなんだって。江戸時代に臼杵で、お医者さんが苗木を植えたのが始まりともいわれているよ。スダチと間違われやすいけど、スダチよりも大きくてあまずっぱいよ。

九州地方・沖縄地方 大分県

周防灘

## 別府温泉
大分は温泉の数がとても多くて、近くの**由布院温泉**とあわせて有名なんだ。大分だと温泉のことを「地獄」とよぶよ。

別府
別府湾
大分
由布
臼杵

関サバも有名！

## 臼杵石仏
平安時代から鎌倉時代に彫られたとされるもので、自然の石壁などに彫られた**磨崖仏**だ。国宝に指定されているよ。

おまけのマメ知識

### 地熱発電ってなに？
大分は**八丁原発電所**での地熱発電がさかんです。地熱とは、火山のマグマで熱せられた水蒸気の力をつかって発電すること。温泉が多い大分だからこそできる発電方法です。

### いきなりクイズ
宮崎のマンゴーの有名なブランド名は？（正解はこの見開きのどこかにあるよ）

| 県庁所在地 |
|---|
| 宮崎市 |
| 人口 |
| 約104万人（35位） |
| 面積 |
| 約7,734平方km（14位） |

## 宮崎県の日本イチ！

- きゅうりの収穫量
- きんかんの収穫量
- キャビアの生産量

### あと有名なもの
- 都井岬
- 青島
- 西都原古墳群
- 宮崎神宮大祭
- チキン南蛮

### マンゴーヌ
太陽の光をあびて生まれた。カラフルなボディからただようトロピカルなかおりがたまらない！

## 宮崎といったらマンゴー！

マンゴーの収穫量は沖縄県が日本一で、宮崎県は2位だけど、「太陽のタマゴ」というブランドは有名だよ。贈りものとしても人気なんだって。完熟して、自然に枝から落ちるマンゴーをネットで受け止めて収穫することで、すごく甘くなるんだとか。

## 天岩戸神社

『古事記』のエピソードで、天照大神が隠れてしまった天岩戸とされる洞くつをご神体にしている神社だよ。高千穂には日本神話の舞台になったとされる場所がたくさんあるんだ。

## 日南海岸

120kmもつづく海岸線で、モアイ像が置かれていたりするよ。

気分は南国！

九州地方・沖縄地方

宮崎県

### おまけのマメ知識

**神楽ってなに？**

日本各地には○○神楽という名前のついた踊りがあり、高千穂にも夜神楽というものがあります。神楽は神さまと人々が一晩仲よくすごして収穫に感謝するお祭りで、そこで踊られるものです。

107

**いきなりクイズ**
屋久島の縄文杉は樹齢何年以上？（正解はこの見開きのどこかにあるよ）

| 県庁所在地 |
|---|
| 鹿児島市 |

| 人口 |
|---|
| 約154万人(24位) |

| 面積 |
|---|
| 約9,186平方km(10位) |

## 鹿児島県の日本イチ！

- サツマイモの収穫量
- 豚肉の生産量
- 養殖ブリの水揚げ量
- ウミガメの上陸数

### あと有名なもの

- 西郷隆盛の銅像
- 百合ヶ浜
- 指宿温泉
- 薩摩切子
- 桜島大根
- さつまあげ

### シロクマーヌ
アイスクリームのようきに入るのがすき。
アクセみたいにフレッシュフルーツを
頭に乗せてるよ。にあってるね！

## 鹿児島といったらしろくま！？

鹿児島はおいしいものがいっぱいあるけど、「しろくま」というかき氷も有名だよ。かき氷に練乳をかけて、みかんやさくらんぼ、レーズンなどをのせたものだ。上から見たときにシロクマみたいに見えたから、この名前になったみたい。

九州地方・沖縄地方 / 鹿児島県

火山灰のそうじはたいへん！

## 桜島
鹿児島のシンボルでもある活火山。いまもたくさんの**火山灰**が降るんだって。

## 屋久島
樹齢2,000年を超える**縄文杉**など、手つかずの自然が残る島。1993年に世界自然遺産に登録されたよ。

霧島山
鹿児島
薩摩半島
大隅半島
指宿
奄美大島
種子島

## 種子島宇宙センター
宇宙航空研究開発機構（JAXA）の施設で、ロケットを打ち上げたりしているよ。

\ おまけのマメ知識 /

### 桜島はむかしは島だった？
桜島はいまは九州本土と陸続きになっていますが、**むかしは名前のとおり島**でした。ところが、1914年の大噴火でたくさんの溶岩が海に流れ、それによって九州本土とつながったのです。

### いきなりクイズ
沖縄はむかし、なんという王国だった？（正解はこの見開きのどこかにあるよ）

| 県庁所在地 |
|---|
| 那覇市 |
| 人口 |
| 約146万人（25位） |
| 面積 |
| 約2,282平方km（44位） |

### 沖縄県の日本イチ！
- サトウキビの収穫量
- ゴーヤの収穫量
- マンゴーの収穫量
- パイナップルの収穫量

### あと有名なもの
- 沖縄美ら海水族館
- ひめゆりの塔
- 沖縄全島エイサーまつり
- ゴーヤーチャンプルー
- 海ぶどう

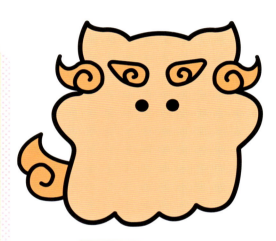

### シーサーヌ
つねにだれかを守りたいと思っている神の使い。
左右たいしょうのふたごの兄弟がいる。

## 沖縄といったらシーサー！

沖縄の家の屋根などにある、神社の狛犬のようなものがシーサーだよ。「獅子さん」を沖縄風に発音したものとされているんだ。魔除けの意味があるんだって。やっぱり狛犬みたいに口を開いたものと閉じたものが2体で置かれることも多いみたい。

## 西表島(いりおもてじま)

海水と淡水が交じるところにはえる**マングローブ**や、この島にしかいない**イリオモテヤマネコ**など、貴重な植物・動物が見られるよ。

九州地方・沖縄地方

沖縄県

石垣島(いしがきじま)

与那国島(よなぐにじま)

久米島(くめじま)

尖閣諸島(せんかくしょとう)

多良間島(たらまじま)

宮古島(みやこじま)

名護(なご)

宜野湾(ぎのわん)

那覇(なは)

北大東島(きただいとうじま)

南大東島(みなみだいとうじま)

## 首里城公園(しゅりじょうこうえん)

かつてあった**琉球王国**の王さまのお城だよ。いちばん有名な正殿は2019年に火事で焼けてしまって、再建しているところなんだ。

おまけのマメ知識

### 琉球王国とは？

沖縄はもともと**琉球王国**という国で、独自の文化を持っていました。その後、江戸時代にいまの鹿児島県の支配下に入り、明治時代に沖縄県として都道府県のひとつになったのです。

| | |
|---|---|
| ブックデザイン | 小久江厚（ムシカゴグラフィクス） |
| DTP | 津浦幸子（マイム） |
| 地　図 | ROOTS/Heibonsha.C.P.C/アフロ |
| イラスト | ハセガワマサヨ（P11、P13、P17、P35、P71、P87、P89、P99、P105） |
| | イラストAC（P41、P43、P51、P53、P55、P61、P65、P73、P79、P81、P83、P93、P97、P101、P103、P107） |

## どろどろ～ん
## オバケーヌとまなぶ
## 47都道府県（とどうふけん）

2024年10月1日　第1刷発行
2025年3月10日　第3刷発行

| | |
|---|---|
| 編　著 | 講談社 |
| 発行者 | 安永尚人 |
| 発行所 | 株式会社講談社 |
| | 〒112-8001 |
| | 東京都文京区音羽2-12-21 |
| | 電話　編集 03-5395-3535 |
| | 　　　販売 03-5395-3625 |
| | 　　　業務 03-5395-3615 |
| 印刷所 | 共同印刷株式会社 |
| 製本所 | 大口製本印刷株式会社 |

©CRUX ©Kodansha　2024 Printed in Japan
N.D.C.291 111p　27cm ISBN978-4-06-536998-2

落丁本・乱丁本は、購入書店名を明記のうえ、小社業務あてにお送りください。送料小社負担にてお取り替えいたします。なお、この本についてのお問い合わせは、児童図書編集あてにお願いいたします。定価はカバーに表示してあります。本書のコピー、スキャン、デジタル化等の無断複製は著作権法上での例外を除き禁じられています。本書を代行業者等の第三者に依頼してスキャンやデジタル化することはたとえ個人や家庭内の利用でも著作権法違反です。